KAZUO INAMORI'S PHILOSOPHY OF SUCCESSION

稻盛和夫的成功哲学

陈陈◎著

应急管理出版社

·北　京·

图书在版编目（CIP）数据

稻盛和夫的成功哲学/陈陈著．--北京：应急管理出版社，2019（2022.5 重印）

ISBN 978-7-5020-7712-9

Ⅰ.①稻…　Ⅱ.①陈…　Ⅲ.①企业管理—经验—日本—现代　Ⅳ.①F279.313.3

中国版本图书馆 CIP 数据核字(2019)第 209942 号

稻盛和夫的成功哲学

著　　者　陈　陈
责任编辑　高红勤
封面设计　书心瞬意
出版发行　应急管理出版社（北京市朝阳区芍药居 35 号　100029）
电　　话　010-84657898（总编室）　010-84657880（读者服务部）
网　　址　www.cciph.com.cn
印　　刷　德富泰（唐山）印务有限公司
经　　销　全国新华书店
开　　本　880mm×1230mm 1/32　**印张**　7　**字数**　160 千字
版　　次　2019 年 12 月第 1 版　2022 年 5 月第 3 次印刷
社内编号　20192862　**定价**　30.00 元

前 言

稻盛和夫是日本最具传奇色彩的成功企业家之一，他起于寒微却志向高远，赤手空拳创办了京瓷，把一家默默无闻的小企业做成了世界五百强公司。后来又创办了第二电信，与 NTT 巨头分庭抗礼，打破了日本电信产业的垄断局面。更令人赞叹的是，他年逾古稀，临危受命，以一己之力力挽狂澜，拯救了已进入破产保护程序的日航，创造了奇迹。然而稻盛和夫不仅是一个会管理、懂经营的商人，还是一名有操守、有见地的哲学家，他破天荒地把哲学融入经营理念，探索出了一套行之有效的经营模式，现在正以自己的方式积极地向全世界推广。

稻盛和夫从不忌讳向别人分享自己的成功之道，而且总是津津乐道地向所有好学之人传授京瓷的经营哲学。为了更好地传播自身的经营理念，他在日本、美国、巴西、中国的多个地区都建立了“盛和塾”。如今稻盛哲学已在多个国家风行，“提升心性，拓展经营”的理念越来越深入人心，有不少人从中受益。听众或是把企业带向了健康发展的轨道，或是找到了人生的方向，或是改变了性情，升华了思想，成了优秀的工作者。总之，很多人的人生轨迹发生了改变。

稻盛哲学为什么有那么大的魅力呢？因为它不是形而上的哲学，没有任何深奥玄妙之处，也没有任何晦涩难懂的地方，它全部来源于实践，是稻盛和夫在创立公司和经营企业的过程中总结出来的。它融汇了中国古代的传统文化和东方哲思，把做人之道和以德为本的管理理念运用到商业模式中，为现代企业管理注入了鲜活的血液和不竭的能量，也给广大工作者提供了更好的人生导图和工作蓝本。

在重商重利的商业社会中，由于受到利益的蛊惑，较多企业家和业界精英都走上了错误的道路，把企业和个人带入了恶性竞争的旋涡中，以致身败名裂。各行业中的一些劳动者也迷失了自我，要么执迷于个人成功，丧失了底线和原则；要么好逸恶劳，浑浑噩噩，虚度一生。在这种时代背景下，稻盛哲学的出现，宛如一股清流。它不仅给全社会带来了万象一新的清新气息，而且为正处在迷茫状态中的奋斗者指明了方向，为千千万万砥砺前行的年轻人指出了正确的发展道路。

稻盛和夫之所以能到达别人到达不了的高度，凭借的不是商业化运作思维，而是睿智实用的哲学理念。无论环境怎样改变，他都坚持合法经营，与人为善，并致力于为人类做贡献，并力求完美地把个人理想和社会理想结合在了一起，在促进社会进步的同时，实现自我价值。他的经营哲学对企业家具有现实意义和启发意义，对高层管理者也具有指导意义，对普通的一线工作者同样意义重大。

稻盛和夫认为成功之道和“提升心性、磨砺灵魂”是相辅相成的，必须诚实做人、踏实工作、不断自我精进，才能做出一番成就。成大事者不仅要有志向、有雄心，还要有崇高的理想和无比敬业的精神，有知难而上的勇气，持之以恒的意志力，最为重要的是为人要正直、谦逊、富有责任感和使命感。任何时候，能力、才干并不是决定成败的关键因素，人只有德才兼备，才能在事业上获得更大的成功。稻盛和夫还告诉我们，成功不靠技巧、不靠天赋、不靠运气，而要靠我们的行为方式和思维方式。思想高尚，行正确之事，则必有福报，必然会在成功的道路上走得更远。

本书以稻盛哲学的基本理念为核心，以稻盛和夫创业的奋斗经历为案例，从多个角度、多个层面诠释了健康良性的经营之道和成功之道，希望能给广大读者带来启发。

目 录

第一章 思维的道场：改变观念，改变人生

你的思维方式决定你的人生维度

真正决定人生成败的因素是什么？是天赋、智力、情商、机遇，抑或是性格、习惯及个人选择？世界上不乏天赋异禀、智力超群的奇才怪才，比如凭借三寸不烂之舌搅动乾坤的说客苏秦、张仪，能演奏出魔鬼之音的小提琴家帕格尼尼；世界上有很多洞察力深刻、善于把握时代机遇的大人物，比如凭借民粹浪潮上台的希特勒，应势而起的日本名将丰臣秀吉；世界上还有不少严格自律、性格隐忍、习惯良好的权势人物，比如韩国首任总统李承晚、“非洲雄狮”卡扎菲等。这些了不起的风云人物结局又如何呢？苏秦身死，张仪失势，帕格尼尼身败名裂，希特勒、丰臣秀吉沦为战犯，李承晚被韩国人视为国家的罪人，卡扎菲在屈辱中结束了生命。

针对种种现象，日本著名企业家稻盛和夫提出了一个著名的方程式：

人生·工作的结果＝思维方式 × 热情 × 能力

“能力”是完成一项目标或人物所体现出来的综合素质。能力总是和人完成一定的实践联系在一起，离开了具体实践既不能表现人的

能力，也不能发展人的能力。它是掌握和运用技能所需的心理特征，是达成一个目标所具备的体检和水平。因此，一个人的能力强弱对其成功有着直接影响。

“热情”指的是对工作的热爱程度和做事的努力程度，这个要素是由人的主观意愿决定的，分数高低完全取决于个人态度。

“思维方式”是指个人的信念和人生观。它是人生方程式的决定性要素，因为它是一个矢量，不仅有大小，还有方向，假如它的方向错误，那么人生等式将变成负值，能力和热情两大要素将转化为负资产。古今中外，历史名人的败亡就是最好的明证。如今随着物质文明和商业文明的蓬勃发展，人们面临的诱惑越来越多，如果不能把持住自己，让错误的思维方式占据了大脑和心灵，那么不仅会名誉扫地，还有可能毁掉一生。曾几何时，石油大亨洛克菲勒不择手段地敛财，差点儿因为受不了舆论的压力病死。同样作为叱咤商海的商人，稻盛和夫诚实经营、奉献社会，一生光明磊落、襟怀坦荡，不求名利却名利双收，他必然有着不同寻常的思维方式和过人的智慧。

1973年，世界第一次石油危机爆发，日本受到波及，经济秩序紊乱，土地大幅度升值，房地产业异军突起，成为日本国内最赚钱的行业。许多大商人和投机分子经不起诱惑，纷纷倒卖土地和房产，一时赚得盆满钵满。

稻盛和夫不为所动，仍然把钱存入银行，以供企业资金流转之用。银行行长觉得他错过了赚钱的大好时机，忍不住提醒道：“近两年房地产升值，很多商人都因土地房产获利，贵公司把利润存入我行，我行深表感谢，假如您改变了主意，想借款购买土地和不动产，我行一定鼎力支持。”

面对对方开出的优厚条件，稻盛和夫平静地说：“在我看来，只有自己额头流汗，凭借辛勤劳动赚来的钱才是真正意义上的利润。”由于不认可房地产商赚钱的方式，他没有在地产投一分钱。时隔一年半之后，日本房地产泡沫破裂，许多投资者亏得血本无归，稻盛和夫却没有遭受一点儿损失，人们都佩服他有先见之明。稻盛和夫说：“我哪儿有什么先见之明，我只是不愿意靠投机获利而已。”

稻盛和夫的经商理念和人生观念与普通人有本质区别。在市场经济环境下，人们追求的无非是个人利益和企业利益最大化，把逐利当成了终极目标，因此误入歧途的个人、团体、组织不计其数。稻盛和夫坚持不赚不义之财，坚决不肯肥己损公，在个人奋斗过程中，时刻想着为社会和公众创造价值，所以当政要因丑闻缠身下台、商界名流因违背法律跌落神坛之际，他仍屹立不倒，深受世人所推崇和尊重。

可见，只有思维方式正确才能成为最后的赢家。思维方式决定人生的维度，即使是一个能力出众、满怀激情的人，如果动机不纯，那么最后也必然成不了大事。春风得意只是一时，马失前蹄才是最终结局。人必须学会扩展生命的广度、深度，站在更高的维度看待问题，才能领悟稻盛和夫人生方程式的深刻内涵，走上更宽阔的发展道路。

生存的目的在于创造价值

人为什么活着？关于这个问题，不同的人有着不同的见解。大多数人认为，人的一生，个人成功最为紧要，谋求个体幸福、个体价值，乃是人生的全部意义。稻盛和夫的看法完全不同。他认为，人生的意义在于通过劳动磨砺心性、完善灵魂，创造出永恒的价值，名誉、财产等身外之物都不重要。也就是说人生的价值只有在劳动中才能得以体现。如果一个人不能树立正确的劳动观，不能把工作转化成智慧的成果，那么即使他腰缠万贯、身居高位，也没什么了不起，因为他不曾认真活过。

众所周知，好逸恶劳是人的本性，人的天性是趋乐避苦的，惰性深植于人类的基因中。所以，随着生活水平的提高，物质条件优越的人都在想方设法逃避劳动，只有没有实现财务自由的人才会被迫从事劳动。那么稻盛和夫为什么要提出与人类本性相背离的劳动观和人生观呢？原因在于，当代日本社会人们价值观混乱，传统美德日渐丧失，许多人屈从于低级本能，一味地鄙视劳动、厌恶劳动，把坐享其成、少劳多得当成毕生追求，出于功利目的，不惜作奸犯科，给社会造成了极大危害。

针对日本社会的种种乱象，稻盛和夫呼吁人们正视劳动的价值，重拾美德，把塑造美好的自我视为最有意义的事。他在代表作《干法》一书中这样写道："如果要问我成功的理由，我想理由就是这一点。就是说，我的才能或许有限，但我拥有虽然单纯却非常有力的指针——追求做人的正确的准则。"

稻盛和夫的成功，不是偶然，而是必然。劳动造就了他，独特的哲学观成就了他。纵观人类历史，找不到一个游手好闲的成功者。不务正业的纨绔子弟都成了历史烟云，而锐意进取的寒门子弟取得成就之后，贪图享乐，沦为饱食终日的蠹虫，以致功败垂成的也大有人在。由此可见，任何一个贪图安逸、排斥劳动的人都不可能获得长久成功。唯有尊重劳动、热爱劳动，愿意奉献自己的汗水、青春和智慧的人，才能获得命运的厚爱。为社会创造价值的人，终不会被社会辜负。企业名人稻盛和夫、经营之神松下幸之助、微软总裁比尔·盖茨莫不如此。如今，稻盛和夫已经87岁高龄，身家高达数万亿日元，但他仍然活跃在商界，继续为社会贡献自己的一己之力。

稻盛和夫是京瓷和第二电信的创始人，凭借自己的智慧一手缔造了两家世界五百强企业。他不仅是一名成功的商人，还是一名富有真知灼见的哲学家、慷慨大方的慈善家。他的哲学思想和经营理念相得益彰，极大地推动了他的事业发展。

与一般创业者不同的是，稻盛和夫不把追逐利益当成企业的最高目标，其个人也任劳任怨。创办京瓷时，他致力于为客户和广大消费者提供完美无缺的高端优质产品，为了达成这个目标，他废寝忘食地研究，夜以继日地实验，不仅不觉得劳苦，反而感到非常充实快乐。在艰苦的劳动中，他找到了研发的乐趣，也找到了人生的意义。

功成名就以后，稻盛和夫并没有像其他创业者那样开豪车、住别墅，躺在功劳簿上睡大觉，而是继续坚持工作。他生活朴素，没有专车，不使用特权，和其他劳动者一样排队吃饭、看病，低调得令人难以置信。就是这样一个人创造了京瓷神话，成了商界楷模，把那些唯利是图、散漫庸俗的商人远远甩在了后面。

稻盛和夫有着圣人的心肠、哲人的头脑、企业家的情怀，身上的商业气息很淡，对利润的追逐并不像世人那样疯狂，然而他却在商界取得了异乎寻常的成功，这是为什么呢？因为他的观念、境界远远超越了这个时代。如今，有些人已经被功利冲昏了头脑，看不到比金钱、比名利更宝贵的东西，一心想着飞黄腾达，却懒于创造价值，自然得不到回馈。稻盛和夫早早认识到，一个人拥有的财富都是自己创造出来的，想要巧取豪夺或者靠其他不正当手段获得，必定难以如愿。正是因为有这样的认识，他才一手缔造了属于自己的商业帝国。

劳动是一种独特的修行

世人皆以为劳动是一种苦役、人生最大的福气莫过于养尊处优，永远脱离劳动……对肤色优劣的评价恰好能折射出这种价值观念。东方人以皮肤白皙为美，究其根源在于，广大劳动人民要经受风吹日晒之苦，普遍肤色暗淡黝黑，故面色白皙就成了富贵优渥的象征；西方人崇尚健康的古铜色肤色，原因在于，只有有钱有闲的中产阶级才有机会到海边懒洋洋地晒太阳。可见，大部分人都推崇少劳动、少付出的享乐主义者，对付出了大量心血和汗水的人民群众缺乏最基本的敬意。

稻盛和夫无法赞同社会上普遍流行的劳动观。在他看来，劳动是一种独特的修行，而非避之不及的苦役。他说："劳动对人具有崇高的价值和深远的意义。劳动具有克制欲望、磨炼心智、塑造人格的功效。""世间被称为'名人'，在各自的领域中登峰造极的人，他们一定走过相同的路程。劳动不仅创造经济价值，而且提升人本身的价值。"长久以来，很多人都喜欢从经济学、成功学的角度看待劳动，把工作视为获取金钱和富足生活的手段，希望以最少的投入获得最大的产出，以达到效益最大化。稻盛和夫却从精神回报的角度重新定义劳动本身。

或许有人认为稻盛和夫是一个不切实际的理想主义者，是一个不食人间烟火、清心寡欲的圣徒，他的理念与成功学完全背道而驰。事实却不是这样。稻盛和夫所揭示的恰恰是名人、伟人普遍的成功之道。当年居里夫人是凭借什么力量发现钋和镭，荣获诺贝尔科学奖的？如果她只想着奖金、荣誉，看轻科学劳动，缺乏最基本的科研精神，那么她永远都不可能在科学界有所建树。乔布斯又是怎样把苹果公司带向辉煌的？假如他只想着发财，幻想着一劳永逸，天天花天酒地、醉生梦死，鄙视所有创造性的劳动，又怎么可能推出一款款引领潮流的尖端时尚产品？可见，是劳动赋予了人成就和光环，但劳动的意义不止于此。在劳动过程中，人们克服了自身的弱点，发挥了才能，完善了心智，让自己变成了一个更优秀、更美好的人，这才是劳动最根本的作用。

劳动从根本上改变了稻盛和夫的心性。小时候，他是一个爱哭的孩子，稍有不顺便委屈地号啕大哭。如果出生在富贵之家，在年少时不曾参与劳动生产，他很有可能变成一个“食草男”或“妈宝男”，与当今社会上的“巨婴”可能没有太大区别。由于家境不好，年仅 13 岁，他便用稚嫩的双肩扛起了家庭的重任，每天走街串巷卖纸袋。他把自家生产的纸袋装进竹筐，放到自行车后座，然后骑车沿街售卖。由于纸袋数量多、太重，车子的前轮常常腾空翘起。最初，没有固定的客户，他只能随机进入店铺推销，业绩很不理想。往往是辛辛苦苦干了一个星期，也没卖出多少纸袋。

为了拓展客户，稻盛和夫把巷子里所有的店铺都拜访遍了，连毫不起眼儿的糕点铺也没落下，生意慢慢有了起色。

商铺的主人都认识他，每次见到他，都热情地打招呼。稻盛和夫一下子成了名人。后来生意主动找上门来了。有一天，一个糕点铺的女主人主动要求向他批发纸袋，其他糕点铺也纷纷下了订单。稻盛和夫的生意越做越大，父子俩忙得不可开交。最后不得不花钱雇佣工人。这次经商经历成了稻盛和夫事业的起点，不仅让他领悟到了商业经营的规则，还改变了他的心智和性格，使他成了一个踏实肯干、吃苦耐劳的实业家，为其日后事业的成功打下了坚实的基础。

当今世上，有才华、有胆识的人比比皆是，为什么取得不了稻盛和夫那么高的成就？客观来说，思想决定意识，意识决定行为，行为决定结局。没有超人的思想，没有超出庸庸大众的独特价值观，没有强大的精神支柱作支撑，就不能把劳动转化成有形和无形的财富。唯有摒弃“劳动卑微”的观念，在工作中磨砺自己、提升自己，才能摆脱生活的苟且，顺利到达成功的彼岸。

工作不只是谋生手段，其意义还在于完善内心

在很多人眼里，工作是谋生的手段。为了生存，不得不应付各种苦差事，是逼不得已的事。正是因为怀有这种观念，一旦没有了生存危机，就会拼命摆脱工作，随心所欲地享受生活。稻盛和夫看到有些年轻人待在家里无所事事，靠上辈人的积蓄生活，觉得不可思议。在他看来，这种人不仅丧失了进取的动力，而且丧失了信仰，找不到人生的意义。

如今，社会上出现了许多“啃老族”“御宅族”，这种现象从某种程

度上反映了人们价值观的错乱。把工作视为换取面包的手段，虽然有一定的合理性，但却不可取。因为秉持这种价值观念，一旦不缺面包，就会丧失工作的意愿，变得好吃懒做，如此一来，很多人将在浑浑噩噩中度过一生。

关于工作的动机，稻盛和夫是这样看待的："生活需要丰衣足食，自由活动需要相应的资金，希望立身处世也是进步的动力，这些都不应一概否定。""人生的目的在哪里？对于这个人生最基本的问题，我认为必须从正面回答。我的答案是提升心性，磨炼灵魂。"也就是说人可以为了衣食而工作，可以为了过上好生活而工作，可以为了安身立命孜孜以求、奋发向上，但追求不能限于此，只有把动机建立在"提升心性，磨炼灵魂"的基础上，才能摆脱庸庸碌碌，成为一个杰出的人。

根据马斯洛需求层次论，为谋生而工作，处在需求的最低层级，很难有什么作为，唯有把需求提升到实现自我的层次上，才有可能做出惊天动地的事业。人活一世，只图温饱，是极其可悲的。人作为高级生物和智慧物种，不应该为生存而生存，而应该追求更有意义、更伟大的人生。唯有工作，才能让我们的人生变得特别。拒绝工作，我们失去的不仅是谋生的饭碗，还有完善意自我的机会。

对稻盛和夫来说，工作是完善自我、医治百病的良药。工作使他变得更强大更坚韧。年轻时他经历过许多苦难和挫折。先是升学考试失利，紧接着又患上了严重的肺结核。在当时的医疗水平和医疗条件下，他随时都有可能吐血而死。如果早年他没有外出工作的经历，没有在艰苦的劳作中锻炼体魄，是不可能战胜病魔的。

从死神的手里挣脱出来，倔强的稻盛和夫又参加了一次初中升学考试，结果又没考上，他再次受到打击。然而厄运并没有结束。不久，他的家在战火中化为废墟。一家人的生活陷入困境。面对命运的考验，稻盛和夫心中充满了疑问，但是没有人能给他答案。直到大学毕业后，他全身心地投入工作，内心才获得了前所未有的平静。在工作中，他自我定位、完善自我，在实现个人理想的同时，把自己塑造成了一个坚韧、勇敢、刚强，有胆识、有魄力、有责任心的人。回顾一生所走的道路，他已经了无遗憾，因为他成了自己渴望成为的人，不曾虚度岁月。

客观来说，内心完整的人比心智不健全的人更容易取得事业上的成功。由于受急功近利思想的影响，有些人总是看不到自我完善的意义，这是他们背离幸福和成功的根本原因。好逸恶劳、耽于享乐，是心智不成熟的表现；得过且过、只为饭碗而工作，是头脑空泛、精神空虚的表现……不改变这种态度，一辈子都不会有出息。

成功人士之所以能够在自己擅长的领域取得令人望尘莫及的成就，是因为他们具备常人所不具备的精神品质，拥有健全的人格和完整的内心。他们不会为了谋生而被迫工作，也不会因为衣食无忧而拒绝工作，而会把工作场所当作历练自己的道场，在日益精进的过程中，一步步实现人生目标。我们若有这种境界，人生也将大不相同。

每一分辛劳都不会被辜负

有些人厌恶工作，还有一个更深层次的原因，那便是付出和所得不成正比，觉得自己在做无用功。这是一种感性的认识，也有可能在某种程度上反映了客观现实。造成这种局面的原因有两个：一是财富分配机制的问题；二是工作方法错误。

如今，社会上普遍存在一种现象：日夜奋战在第一线的工作者，薪酬大都不高，而核心技术人员和高管，个个收入不菲，且工作清闲，乍看上去，十分不公平，似乎多劳未必会多得，少劳多得却是不争的事实。但深入研究，你会发现后者的付出并不比前者少，后者能获得理想收入，拥有相对轻松自在的工作氛围，源于在前期竞争中，付出了常人难以想象的努力，最终脱颖而出。若想表面上看起来毫不费力，必须付出超越于常人十倍的努力才行。稻盛和夫在经营企业时，奉行公平竞争的原则，建立了行之有效的激励机制，但他也不能保证普通劳动者都能拿到期望中的高薪。企业的员工想要获得更好的待遇，必须有过人之处，得为企业创造更大的价值才行。

好的工作方法，能起到事半功倍的作用。错误的工作方法，则会事倍功半。因此，付出的时间和精力多，未必能换来预期的收获。汗水付诸东流的事时有发生。这便源于他们工作效率低下，这样的例子在现实生活中不胜枚举。很多情况下，耕耘和收获有可能是不对等的，但每一滴汗水都是有价值的。就好比煤的形成，一大片森林变成一小块煤，似乎很不值得。然而煤是矿物的结晶，是高度浓缩的精华，谁也不能否定它存在的价值。同理，错误的工作方法也是有价值的。有时候，从错误中学到的东西足以使人受益一生。

稻盛和夫相信，每一分辛劳都不会被辜负。在创业之前，他不遗余力地努力工作，忘我地钻研新技术、新方法，曾经在业界取得突破性进展。他辛苦琢磨出的方法，被其他有同样创想的人抢先取得了专利，他并未因此否定自己劳动的价值。在他看来，只要尽心竭力地工作，就会有所斩获，即便暂时得不到回报，以后也会从中受益。

稻盛和夫初入社会时屡屡受挫。大学毕业以后，他风尘仆仆地到处找工作，却连一份录取通知书都没收到。前途一片黯淡。在吃了无数次闭门羹之后，经人介绍，他加入了一家生产精密陶瓷的企业——松风工业。那家企业曾有过辉煌的过去，可惜在稻盛和夫入职时，它已经到了日薄西山的地步，不仅不能正常运营，而且连员工的工资都发不出。有些人早就另谋高就了，留下来的人也不紧不慢地磨洋工，然而稻盛和夫并没有那样做，他相信自己的付出不会白费。

早年，稻盛和夫学的是有机化学，为了更好地就业，他又学了不少无机化学的知识，他学到的新知识恰好在松风工业派上了用场。在松风工业埋头苦干的那段日子，他对精密陶瓷的研究达到了专业水平，为后来创办京瓷奠定了基础。从短期来看，稻盛和夫在毫无经济保障的情况下为松风工业工作，所有的辛苦都是白费，但从长远来看，他的付出却获得了超常回报，当时所做的每一件事对其日后的事业发展都是大有裨益的。

关于社会财富的分配，市场自有属于自己的一套调节机制。在不具备核心竞争力的时期，幻想少劳多得是不现实的，期望每一滴心血、每一滴汗水都能换来累累硕果也是不现实的。但这并不意味着所有的辛劳都一文不值。每一分辛劳都有它独特的价值，每一分辛劳背后都有它的意义。抛开短视的思维，把目光放远一点儿，你将得出截然相反的结论。你今天的付出好比一粒种子，短时间内看不到它发芽、开花，只要你等得足够久，它必然能给你带来惊喜。

投机是最糟糕的投资

商品经济社会，到处充斥着浮躁之风。许多人热衷于赚热钱、快钱，对一本万利的项目趋之若鹜。稻盛和夫认为，靠炒股发迹或者靠创办风险企业掘金是不可取的，原因在于，这样就会为欲所迷、为欲所困，日后必被投机取巧所累。在商海沉浮数十载，稻盛和夫几乎没有参与过投机活动，在他的价值观念里，额头流汗、辛苦赚来的用着金钱才放心，世上没有平白无故得来的东西，天上掉下的馅饼可能不是美味，而是毒害身心的实物。

在有些人眼中，投机是最划算、最高明的投资，是钱生钱的有效手段，只要赌一把，或许就可以永远脱离劳动，舒舒服服地过日子。而在稻盛和夫看来，投机是最糟糕的投资，潜在风险暂且不说，怀有不劳而获的想法就足以误人一生。每个人都应该自食其力，靠双手创造美好生活，不肯脚踏实地地奋斗，总想着走捷径，终有一日会误入歧途。

投机行为无论对个人还是对社会都是有害的。以美国华尔街风暴为例，投机分子在利益的驱使下，毫无底线地向公众兜售各种金融产品和衍生品，人为地制造了经济泡沫，引发了经济混乱，直接导致了金融危机的爆发。它严重拖累了美国经济，美国公民的利益也不同程度地受到了损害，就连投机分子也不例外。由此可见，投机害人害己，唯有踏踏实实地劳动，才能获取幸福的资本。

有些人把投机和正常投资混为一谈，这是非常可笑的。投资是一种智慧劳动，需要金钱、劳务和智力的投入，获取回报的方式符合市场规则和道德规范；而投机属于钻营的一种，是赌徒式的博弈，具有以小博大、空手套白狼的特点。古今中外，靠这种方式发家的人少之又少。每个领域的先驱人物几乎都是实干家，可见，要想有所成就，必须具备实干精神。

在这个世界上，没有人能随随便便成功。靠投机发达的概率比被陨石砸中的概率还要小，而被投机活动毁掉的概率却大得吓人、因醉心于投机倾家荡产者数不胜数；因热衷于投机而脱离正业，导致终生碌碌无为的人不计其数。可以毫不夸张地说，投机害人不浅，一旦控制不了局势，就有可能陷入万劫不复的深渊。

对于厌恶劳动的拜金主义者来说，投机有着致命的诱惑力。似乎只要有贪心和胆量，一切便唾手可得。有些人甚至认为不敢投机，老老实实劳动，是一种胆小怯懦的表现，照此下去，必将永无出头之日。现实主义者大言不惭地叫嚣："马无夜草不肥，人无横财不富。"公然挑战公序良俗。对此，稻盛和夫感到痛心疾首，他用自己的亲身经历向世人说明：不去投机，不走捷径，靠诚实的劳动能更快地走向成功。这不是安慰人的话，而是无可争议的事实，毕竟靠投机成功是小概率事件，而靠辛苦劳动取得成功才是普遍之道。

世上没有不劳而获的事情

人人都知道世上没有免费的午餐，但却有人相信不劳而获，这是为什么呢？原因在于，懒惰的人总是怀有不切实际的幻想。故而，闲人和庸人数量激增，出类拔萃者越来越稀少。在稻盛和夫看来，出现这种乱象，根源在于，有些人把劳动视为罪恶，不相信勤奋工作的价值，甚至荒唐地认为，不劳而获、坐享其成才光荣，只有苦命困窘的人才会灰头土脸、挥汗如雨地工作。

事实上，没有任何一个生命体可以脱离劳动而长久存在。花草树木必须把根扎进深深的土壤里，从土层中吸收水分和养料，才能通过光合作用，合成机体所需的养分；鸟儿必须早起才能找到虫子吃；狮子、豹子必须辛苦狩猎，才能填饱肚子。人类不劳动，天天都有免费的午餐吃吗？当然不可能。侥幸得了一份免费的午餐，只是暂时解决了眼下的危机，日后若不努力，连残羹剩饭都找不到。这不是危言耸听。依靠父辈的积蓄坐吃山空，早晚败光家产；幸运地中了六合彩，得了一笔横财，也不能保证一辈子衣食无忧，中奖后因挥霍无度重返贫困的情况并不少见。

价值和财富不是凭空创造出来的，不屑于制作蛋糕的人，便不配享有蛋糕。所以，稻盛和夫说："工作是人生最尊贵、最重要、最有价值的行为。"他赞美劳动，高度评价工作的意义，不是为了让员工拼命为自己效力，促成个人的成功，而是为了纠正他们的人生观和价值观，使更多的人摆脱庸庸碌碌的状态，活出自己的风采。

稻盛和夫不曾有过不劳而获的可鄙心理，这与他接受的家庭教育有着莫大的关系。他的父母都是勤劳朴实的人，既不贪心，也不喜欢占别人便宜，具备很多传统美德。他的父亲曾经在印刷厂供职，因工作卖力，做事认真，受到纸张批发商的垂青，得到了一台二手印刷机。有了设备，他便顺理成章地走上了创业的道路。

稻盛和夫的父亲不仅不怕吃苦，而且讲信誉，为了如期交货，不惜通宵达旦地工作，再苦再累也不抱怨。纸张批发商越发赏识他，主动把别的生意介绍给他，并愿意以极其优厚的条件转售给他新设备。稻盛和夫的父亲没有答应，因为没有贪念，不想贸然涉足其他领域。稻盛和夫家业务繁忙时，邻居常来帮忙。大家忙到很晚，稻盛和夫的母亲便张罗着做夜宵。她是一个好帮手，在事业上给予了丈夫莫大的支持和帮助。

当时稻盛和夫的父母做的是小本生意，利润空间有限，没有赚到大钱。但夫妻俩并不气馁，每天忙忙碌碌，过得很开心，一大清早便开动机器，即使到了周末也不停工。夫妻俩的生活态度和工作态度潜移默化地影响到了稻盛和夫。长大成人以后，稻盛和夫也走上了创业的道路。他从未像有些商人那样试图通过不劳而获的方式赚钱，也没想过侵占任何人的劳动果实，而是一辈子勤勤恳恳，不曾有丝毫的松懈堕怠。他不像有的老板那样坐在办公室里发号施令，而是经常亲临现场指导员工工作，有时还呕心沥血地搞研究。他能取得今天这样的成就，都是辛苦奋斗的结果。

以前，社会遵循多劳多得、少劳少得、不劳不得的分配法则，少有人质疑劳动的价值。而今，有些人期望通过多元化的方式创收，对本职工作的重视程度大大降低。还有一些人因为家境殷实，笃信“丧文化”，把少劳动和不劳动视为一种时尚。不少人怀有不劳而获的心理，在没有收入或收入不理想的情况下，通过借贷提前消费，不惜一切代价粉饰光鲜亮丽的精致生活，结果陷入债务旋涡无法自拔。血淋淋的事实告诉我们，幻想不劳而获可能会付出极为惨重的代价。要想过上梦寐以求的理想生活，必须辛勤劳动、奋力拼搏。

有价的金碗，比不上无价的精神食粮

人们工作、奋斗的动力是什么？对普通工薪阶层来说，恐怕就是找到一个金饭碗，然后以优越的姿态活着。其实，无论金碗银碗还是廉价的铁腕、瓷碗，本质上都是容器，并没有太大差别，太过注重形式，就会被虚荣心所累。也许你会说，容器的价位和精美程度，通常与食材的价值是一致的，粗陋的饭碗装的是劣质食粮，昂贵的金碗装的则是山珍海味、珍馐美馔，两者怎可相提并论？

诚然，捧着金碗的人也许确实比捧着瓷碗的人更有生活品质，但这并不意味着金碗就应该成为人生的全部追求。物质上的富足只是生活的一部分，而不是生活的全部。现在有些人找不到奋斗的意义，心灵痛苦的根源就在于物质和精神的不同步。对此，稻盛和夫深有体会。他认为日本经济腾飞以后，国民生活富裕，有些人却仍然感到不满和不安，原因就在于当他们只在乎物质享受，没有意识到自己的生活方式和思维方式出了问题。也就是说人们捧上金饭碗时，就不再关注自己的心灵营养了。

稻盛和夫认为，意识不仅能作用于心灵，还能主导身体健康。不重视心灵方面的营养，身心就都会受到影响。在他的观念里，工作是滋养心灵的主要手段，只要全身心地投入工作，从中获得精神上的满足，就能收获美满、幸福和成功，这比拿到一千个金饭碗都有意义。

在稻盛和夫看来，比起有价的金碗，无价的精神食粮更宝贵。他说："在迎接死亡的时候，如果有人问我'你现世干了什么？'我怎么回答呢？'我创办了京瓷，把它做成了一个大企业。'这样的答案对于意识体而言没有任何价值，因为肉体已不复存在，哪怕拥有几千亿的财产又有什么意义呢？”“那么，有价值的东西是什么呢？就是人生在世时所塑造的人格、人性、灵魂、意识体。”是的，弄清什么是最重要的，才能拥有无悔的人生。

稻盛和夫大学毕业时，很想多赚些钱改善贫困的家境，但比起物质方面的提升，他更注重精神方面的修养。他知道只有全方位提升自身的素养，才能获得更长远的发展。在正式进入绝缘子和陶瓷行业之前，他花了不少心思学习无机化学，从岛田欣二教授那里学到了很多有用的东西。他的研究从家乡鹿儿岛的优质黏土开始。在短短半年时间里，他就有了研究成果，并写出了一篇令人拍案叫绝的优秀论文。

这篇毕业论文一经发表，就在鹿儿岛引起了巨大的轰动，知名技术专家兼大学教授内野正夫对论文尤为赞赏，在论文毕业发表会上，他毫不掩饰地表达了对稻盛和夫的欣赏，声称稻盛和夫的论文比东京大学的高才生写出的东西还要优秀，笃定地认为稻盛和夫将来必然会成为一名杰出的工程师。事后又邀请稻盛和夫一起喝茶，并告诉他做工程师应该具备哪些思维和素质。内野正夫的指导，给初出茅庐的稻盛和夫带来了巨大的帮助，不仅让他提升了自信，还使他获得了坚持自我的勇气，以致日后在高新技术领域越走越远。

如果他当初只为金饭碗奋斗，就会非常短视，恐怕永远都取得不了今日的成就。

奋斗的动机为什么那么重要呢？因为它不仅关乎你的成败，还关乎你的幸福与健康。只为金碗奋斗的人或许能取得世俗意义上的成功，但很难成为业界的翘楚，是不能在事业上取得登峰造极的成就。如果一个人赢得了无数的金碗，春风得意，如日中天，但却心力交瘁，感受不到幸福，那么就不算真正意义上的成功。因此，要想获得真正意义上的成功，必须从改变心态开始。

毫不费力的人生，成就不了厚重的人格

许多人都羡慕含着金汤勺出生的人，因为后者生在罗马，不用辛苦奋斗就能轻松享有一切。那种看起来毫不费力的人生，对于向往罗马的普通人来说，具有一种不可抗拒的吸引力。稻盛和夫却持相反的态度。他认为工作造就人格，毫不费力的人生，成就不了厚重的人格。也就是说只有一步一个脚印、风雨兼程走向罗马的人，才能拥有厚重的人格和更美满的人生。

稻盛和夫指出，工作的意义在于铸就独立、优秀的人格。古今中外，伟人的成功几乎都遵循同样的规律。他们都喜欢埋首工作，都是经过不懈的奋斗和努力，才在完善人格的同时取得了成功的。成功和完善人格是相辅相成的，人会在完善人格的过程中，不断向成功靠拢，到达成功终点时，恰是人格完善圆满时。所以，从某种意义上说，只有艰苦卓绝地奋斗，心甘情愿地努力付出，才能自我实现。不经奋斗，轻而易举获得一切，不值得羡慕，也不值得吹捧。

在稻盛和夫看来，磨砺心性，沉淀人格，拥有深度人生的人，才配享有成功。譬如，手艺精湛的工匠，通过辛苦工作，创造出了精美绝伦的产品，为此感到愉悦、充实和自豪，是一种成功。再比如，过去各行各业的人从早到晚劳碌，虽然很辛苦，但却由衷地为自己的工

作感到快乐，也是一种成功。有了厚重的人格，有了优秀的品性，也就等于有了成功的姿态，如此一来，就很难背离成功。

不少人幻想过毫不费力的人生，期望着凭借好运中大奖或者基于因缘际会发一笔横财。这种不切实际的想法，正是人生失败的根源。不去耕耘，就想收获的人，是浅薄的、贪婪的，是不可能取得成功的。任何甜美的果实都不是无中生有的，而是被人精心培育出来的，它的果肉和汁水凝结着人类劳动。付出劳动，在劳动中磨砺人格，这样才能在品尝硕果的时候，发自内心地感到快乐。

稻盛和夫遵从劳动，但劳动高贵的观念并不是天生就有的。早年，他像所有人一样，认为劳动就要受苦、是不可接受的。小时候父母经常教育他说，苦难是人生的一笔财富，年轻时的苦难，值得花钱购买。稻盛和夫不以为然，不悦地说："苦难，能卖了最好。"当时他还是一个不谙世事的孩子，天性上倾向于趋乐避苦，自然不知道辛苦劳动有什么好处，对大人的说教非常反感。

回顾自己的早期经历，稻盛和夫认为自己的劳动观念和现在的年轻人没有什么两样。他也曾对辛苦的工作不屑一顾，也曾幻想过逃避苦难，轻轻松松享受优越富足的生活。直到大学毕业，现实给了他沉重的一击，彻底改变了他的人生观、价值观。作为一个没有资历、没有雄厚家庭背景、两手空空的年轻人，根本不可能轻而易举地获得想要的生活。蔑视劳动，拒绝好好工作，只会让自己过得更凄惨。所以，他一改往日轻浮的态度，开始尝试着在劳动中成就自己。

新东方创始人俞敏洪说，笨拙的蜗牛爬到金字塔顶端，获得的视野、看到的风景，和雄鹰是一模一样的。同理，远离罗马的人，经过长途跋涉到达梦想中的目的地，看到的风光、拥有的视野，与天生生活在罗马城中的人，毫无区别。但前者比后者更让人钦佩。因为前者是凭借才华和努力赢得成功的，过程跌宕起伏、曲曲折折，从不同的层次、不同的角度诠释了人生内容的厚重、丰盈、精彩，而后者未经付出便坐拥一切，省略了精彩的过程，人生内容乏善可陈，其实并不值得钦佩。

成功的背后少不了呕心沥血的拼搏

成功人士的光鲜，世人有目共睹，但成功背后的无奈和心酸却鲜为人知。其实成功的背后少不了呕心沥血的拼搏。没有流血流汗的付出、摸爬滚打的狼狈，成功的金牌就不会那么光芒闪耀。不要嫉妒羡慕别人的成功，因为那是他应得的犒赏，如果你付出不亚于任何人的努力，也能收获不亚于任何人的成功。

很多人都想省掉辛苦的过程，以微小的投入和付出，获取惊人的成功，正是这种想法，使他们陷入认知的误区，与成功渐行渐远。稻盛和夫认为，想要成功，必须付出不亚于任何人的努力，除此之外，别无他法。的确，人和人在能力、智力及其他方面的差距是很小的，想要超越众人，从激烈的竞争中脱颖而出，必须付出超常的努力才行。

在这个世界上，任何一个从角逐中胜出的个体，都有其不同寻常之处，且都有其自己的奋斗故事。譬如，一棵参天擎立的绿色植物，只有拼命生长，拼命拔节，长成亭亭华盖，才能避免被其他植物遮蔽，享受到阳光的照拂。这是生命与生命的角逐，也是一场速度与速度的竞赛，谁掉以轻心，谁就会失去自由的生活空间以及阳光赐予的一切。连植物都如此上进，如此努力拼搏，作为万物灵长的人类，我们有什么理由颓废堕落、不思进取呢？

稻盛和夫刚加入松风工业时，公司的条件非常艰苦。作为核心部门的研发人员，他没有受到任何优待，住在破破烂烂的宿舍里。屋子里连一张榻榻米也没有，到处都是稻草屑，每个角落都黯淡无光，显得肮脏破败。搬进来的第一天，他大为吃惊，简直不敢相信自己的眼睛。不过很快他就接受了现状，下定决心要在艰苦的环境中奋斗。当日，他买来了一张席子，将其钉在地板上当床，然后他便因陋就简地安寝了。

公司没有食堂，稻盛和夫和同事只能用炭炉自己做饭，每天吃廉价的油炸豆腐、黄酱汤和天妇罗碎屑。同事们因为看不到发展前景，纷纷跳槽了。稻盛和夫内心经历一系列挣扎之后，他决定放下所有顾虑，全心全意地研究新型陶瓷。把被褥、锅碗瓢盆和生火取暖的炭炉全都搬进了实验室，从此以实验室为家，不分昼夜地工作。功夫不负有心人，他的努力得到了回报，没过多久便有了研究成果。上司非常赏识他、器重他，给了他很多鼓励。受到肯定和表扬之后，稻盛和夫干劲十足，工作更加卖力了，经过一番钻研，又取得了新的研究成果。虽然他在一家前景令人沮丧的公司任职，但是改变态度之后，人生迎来了新的契机，日后的发展越来越顺畅。这都是他辛苦付出、努力争取的结果。

稻盛和夫说：“拼命工作会给人生带来意想不到的、美好的未来。”“没有目标，不做工作，每天吃喝玩乐，如果长期持续这种无聊的生活，你不但不会成长，而且会丧失自己人性中那些美好的东西。”正是因为看重拼搏的意义，公司上市之后，有人劝他放下工作，尽情玩乐，他直接拒绝了。他认为，奋斗是无止境的，公司上市不过是人生中的一个小插曲，并不是人生的终点。事业有了起色之后，他更加努力地工作。

稻盛和夫告诉我们，只有乐于拼搏，愿意付出不亚于任何人的努力，才能步步为营地取得成功。不去拼搏或者中途放弃，将永远与成功失之交臂。正所谓：生命不止奋斗不息，天行健，君子以自强不息。人只要活着，就不能放弃，要拼搏出全新的样子，方能不负此生。

第二章　态度决定一切：事业始于热爱，终于辉煌

非凡和平凡只有一步之遥

世人都渴望非同凡响，希望在有限的生命中超越平庸，成就非凡的事业。没有人期望终身与平凡为伍。在绝大多数人眼里，平凡就意味着平庸，坐守平凡和恪守平庸是一回事。然而稻盛和夫却说，非凡和平凡没有明显的界限，只有不断成长壮大，过好每一个平凡的今天，才能赢得辉煌灿烂的明天，成就非凡的人生。

稻盛和夫说："眼睛可以眺望高空，双脚却必须踏在地上。梦想愿望再大，现实却是每天必须做好单纯，甚至枯燥的工作。"是的，只有把平凡的本职工作做好，在平凡的岗位上做出不平凡的成绩，才有能力拥有非凡的人生。平凡和非凡只有一步之遥，那些看似简单、枯燥毫无技术含量的工作，背后都有挖掘的价值，把最简单的工作做到极致，就有可能获得崭露头角的机会，慢慢步入辉煌。

世界上大多数奇迹都是平凡的人创造出来的，平凡和非凡的距离并没有人们想象得那么遥远。美轮美奂的金字塔，诞生于古埃及工匠之手；恢宏壮观的万里长城，是中国古代劳动人民一砖一石铺就的；日本和德国精工制造的神话，是普通的工人缔造的。谁又能否定平凡

的价值？爱上平凡的工作，把最不起眼的工作当成事业来做，一切都会有所不同。

平凡琐碎的重复性工作有意义、有价值吗？当然。世上没有卑微的工作，只有卑微的心态。不管劳动分工如何，每一个工作环节都有其不可替代的价值，即便是最微不足道的工作，也会对整体产生决定性影响。所以，不要轻视自己的工作，每天都要带着崇高的荣誉感和无与伦比的自豪感投入工作，把握好每一个瞬间，这样梦想和现实的差距才会不断缩小，量变经过积累达成质变，你将彻底脱离平庸，从平凡迈向非凡。

制造和研发新型陶瓷，虽然属于创新领域，但在实际工作中，研发人员也要参与体力劳动。混合粉末等工序非常消耗体能，而且又脏又累，非一般人能胜任。稻盛和夫和员工从早到晚与脏兮兮的粉末打交道，身上沾满粉尘，个个疲惫不堪。体察到员工的厌倦情绪之后，作为项目负责人的稻盛和夫满怀热情地鼓励大家说，现在生产的陶瓷部件非常重要，没有它们，就没有显像管。如今大家从事的工作比东京大学和京都大学的科学研究还有意义，因为混合粉末的工作，能让人加深对陶瓷的理解，促成性能优越的高端产品问世。

员工听了这番话，原来的烦躁情绪一扫而空。当日，稻盛和夫和大家聚在一起用餐、畅谈人生，员工群情激昂，聊到深夜还没有散场。席间，稻盛和夫激动地说："我们的人生只有一次，所以应该竭尽全力，做到每天都不留遗憾。"然后鼓励大家换个新的工作方法，开动脑筋解决技术问题。员工深受鼓舞，工作效率大大提高。

稻盛和夫作为管理阶层及技术骨干，并没有轻视平凡的工作，他不仅和员工一起奋战在第一线，还亲力亲为，从事艰苦繁重的劳动，这样做不仅鼓舞了员工，还让自己在实践中提升了理论水平和技术水平，为日后从事创造性工作提供了条件。

事实上，平凡的事物孕育着非凡的力量，平凡的工作具备非凡的价值。从今天开始，不要再抱怨自己的工作枯燥、乏味，不要再瞧不起平凡的岗位，把手头的每一份平凡的工作做到最好，展现自己最优秀的一面，终有一日你会叩开机遇的大门。

勤勉的匠人，都有一颗纯正的匠心

日本引以为豪的匠人精神其实发端于中国。我国古代的匠人不仅心灵手巧、技艺精湛，而且坚忍、勤勉、耐心、细心，做事一丝不苟，曾创造出了许多不朽的艺术品。当时的作品，以今天的审美眼光来看，依旧是令人称奇和赞叹的。一桌一椅、一屋一桥，起承转合富含空间美和韵律美，榫卯结构自然承重，不费一钉一铆，紧密咬合，简约美观兼具功能性，更不必说光洁细腻、花纹精美的瓷器，精雅绝伦、古色古香的名琴，所有的实用物品和赏玩器物其工艺都已经达到了出神入化的地步。古人能有这样的成就，是因为具有工匠精神。如今，传统手工业已经淡出了人们的视野，但匠人精神不灭。关于匠人精神人们众说纷纭，对此稻盛和夫说："工匠工作的意义在哪里？它的意义不仅在于使用工具修筑漂亮的房屋，不仅在于提高木工技能，更在于磨炼人的心智，塑造人的灵魂。"在稻盛和夫看来，具备了高超的技能，技术水平达到了炉火纯青的地步，仍然算不上掌握了匠人精神的精髓，只有拥有一颗纯正的匠心，塑造出了匠人的灵魂，才算把握了匠人精神的实质。

稻盛和夫曾因偶然的机缘结识了一名了不起的木匠。那名木匠没有读过太多书，只有小学文化，但却有着极高的境界。他从业几十年，从青春少艾到白发苍苍，长年从事劳苦繁重的工作，始终无怨无悔。尽管技艺精湛，却不满足，每天都在潜心钻研。他把自己一生献给了木工行业，并在这个行业中找到了自己孜孜以求的东西。

在谈到对工作的看法时，那位年逾七十的老木匠饱含深情地说，木头里藏着生命和灵魂，人必须倾听它发出的呼声，才能把它的灵气和不朽的生命释放出来，做出举世无双的作品。如果一块木料是用千年树龄的树木做成的，人在加工和创造时，必须让自己的技艺足够精湛，这样才对得起它的千年岁月。木匠的工作必须经得起千年岁月的考验，这是最基本的要求。作为一个匠人，只有创造出永恒不朽的东西，才不负自然，不负自己的工作。

稻盛和夫听了这番话，非常讶异，他没有想到眼前这位毫不起眼的老者居然能对匠人精神有如此深刻的认识，事后特地在访谈节目中谈到了此事。在感慨日本年轻人浮躁、功利，传统美德缺失之余，稻盛和夫在老木匠身上看到了匠人精神的延续和传承，为此他深感欣慰。

有人认为，匠人精神已经过时了，在这个讲求实际和实用的年代，无论白猫还是黑猫抓到老鼠就是好猫，相比于慢工出细活的匠人精神，讲求效率和效益的工作方法更适用于现代社会，也更有利于个人在短时间内迅速崛起和成功。这种观念是错误的。片面强调效率，只看效益，就会因过于急功近利，做不出优质的产品。这样不仅不能快速成功，反而会走更多的弯路。所以匠人精神永不过时，只有把自己修炼成合格的匠人，才能在自己擅长的领域有所成就。

像艺术家那样雕琢产品

当代社会，许多人把产品当商品，把产业当生意，经济效益和经济利益至上，很少有人考虑过产品本身的价值。在创造产品时或是漫不经心，或是急于求成，根本没有想过产品的瑕疵会给社会和终端消费者带来怎样的影响。厂家的信誉、耗费巨资营建起来的品牌就是这样毁掉的。个人事业的滑铁卢也是这样开始的，然而他们仍然不以为意。

对此，稻盛和夫提出，作为一名兢兢业业的劳动者，无论从事何种行业，都要制造出“会划破手的”崭新产品。什么是会划破手的产品呢？它指的是它的锐度还是先进性呢？都不是。稻盛和夫说的优质产品，应当像刚刚印刷出来的纸币一样，质感绝佳，手感完美，外观无可挑剔，内在品质一流，无论以怎样苛刻的标准品评，都找不到一丝破绽。这样完美无瑕的产品，每次触摸它的时候，都会小心翼翼，生怕玷污了它，甚至担心手指会被它划破。

世上有没有稻盛和夫所说的那种产品呢？当然有。几乎所有的高端产品都符合稻盛和夫的描述。高端产品之所以价位高还受市场热捧，其原因就在于它的性能、品质是一般产品无法比拟的。这样的产品是怎样创造出来的？毫无疑问，是工作者精雕细琢、潜心研究的结果。如果工作者不热爱自己的工作，一心想着在短时间内生产出大量的产品，那么他永远都不可能与高端产品产生任何联系，他的事业也无从起步。客观来说，这个世界是公平的，一个人贡献了一流的产品和服务，就能获得丰厚的回馈，反之，工作态度不端正，提供的产品和服务经不起市场的考验，就会自砸招牌、自食其果。

稻盛和夫小时候，他的父母经常用“会划破手”来形容事物的品质。他非常喜欢这种说法，于是在日后的工作中就用同样的标准要求企业出产的每一件新品。有一次，有个名牌大学出身的研究员奋战数月，研发出了一款新产品，急切地捧给稻盛和夫看。稻盛和夫只看了一眼，便否定了对方的成果，简简单单地说了句“不行”，随后便把新出炉的产品退还给了它的制造者。

研发人员很不高兴，不解地问：“这个产品是按照客户的要求做的，性能完全符合对方的需求，为什么不行？”稻盛和夫平静地回答：“颜色太暗淡。”研发人员听后，欲哭无泪：“这是高精度的工业产品，请不要凭借个人喜好评价外观、颜色，给它一个科学的评价，好吗？”稻盛和夫不接受这种说法，在他的标准中，精密陶瓷应该是纯洁无瑕的，洁白的颜色代表的是它的纯粹程度，彰显的是它的内在品质，绝对不可以忽视。从工艺角度来看，新型陶瓷放入氮氢混合气体灼烧时，上面若是粘上了脂肪等杂质，就会因为碳化，使整个产品的颜色变成难看的浅灰色。所以，产品颜色不够鲜亮，说明纯度不够，质量不过关。

研发人员坚持说产品颜色不影响性能。稻盛和夫说：“即便性能满足了要求，它仍然不是一件合格的产品。”毅然要求研发人员制作出“划破手”的产品。研发人员无可奈何，只好从头开始，经过无数次试验，终于造出了符合要求的纯白色陶瓷产品。

高端产品需要精雕细琢，普通产品需要耗费同样的功力和耐心吗？答案是肯定的。无论生产何种产品，都要以高标准严格要求自己，只有这样，经手的产品才能得到社会的认可，才能赢得市场。

优质的产品具有无可替代的价值，市场空间巨大。作为工作者，只有为社会提供了最好的产品，才能在业界干得风生水起，成为某个领域、某个行业的翘楚。

创造有灵魂会呼吸的作品

在普通人眼里，产品是冰冷的事物，是没有温度的，而在大师眼里，产品是有灵魂会呼吸的，能释放出各种信号，以微妙的形式进行自我表达。如果你热爱自己的工作，热爱自己的产品，就能听到这种奇特的表达。这不是唯心主义，也不是危言耸听，而是人与物的奇妙互动。稻盛和夫指出，只要你仔细倾听，高度关注自己的作品，就能听到它的哭泣声。因为在产品质量出现问题或者机器发生故障时，将出现各种征兆，发出各种声音，以吸引人的注意。一个善感的人，一个有敏锐度的人，会能听到它们的低语和求救声，且能在第一时间发现问题，及时纠正差错，以弥补不必要的损失。

想要制作出一流的产品，必须赋予它灵魂和生命，并与它完美互动。这个观点一点儿也不夸张。纪梵希的服装为什么能成为永恒的经典？也许你会说是因为光彩照人的大明星奥黛丽·赫本为其代言，这只是一部分原因。最为重要的是，纪梵希的服装是有灵魂、有生命的，它的灵动和美感是建立在生命质感的基础上的，每一块面料、每一处细节都能体现出呼吸的韵律美，所以才那么打动人心。

稻盛和夫研发的产品比起纪梵尼品牌毫不逊色，它们不仅集中了最先进、最前沿的科技，而且还凝聚了无数的心血和创造力，其性能优良，外观洁白，个个都是精美的艺术品。精密陶瓷是高新技术领域最富灵性和美感的存在，它既经得起细细观摩，又能广泛应用到电子工程、通信工程和医疗领域，堪称人类技术和工艺的杰作。制造和生产它的人，必须满怀着热忱去工作，才能及时发现问题、解决问题，以确保产品的完美。

京瓷研发的产品大多都是用于电子设备的小零件，要求的精度非常高。然而，在缺乏精密仪器衡量的情况下，即使品质不合格，也不能及时发现。为了确保产品质量，稻盛和夫经常带着放大镜到第一现场巡视。他的放大镜由多枚镜片组成，使用其中的两枚镜片，就能把物品放大到10倍。当时，他就像医生为病人检查一样，端着放大镜对新出炉的产品挨个排查，发现一点瑕疵，便毫不犹豫地淘汰掉。产品整体没有太大缺陷，即使上面出现了芝麻粒大小的黑点儿，也会被判定为不合格产品。

稻盛和夫用放大镜去查看产品的微小瑕疵，与用耳朵倾听产品的哭泣声有异曲同工之妙，两项工作几乎是同步进行的。所以，一旦锁定了不合格产品，就能听到它委屈的哭泣声。从内心深处，稻盛和夫把公司出产的每一件产品都当成自己呕心沥血培养的孩子，对其满怀着爱意，满怀着期待，一心想要它变得更好。正是因为对产品怀有这样深厚的感情，他才打造出了高新技术产品，并在业界取得了骄人的成功。

产品是什么？是原材料、零部件、形形色色的成品、半成品，还是包装精致的商品，换取报酬的砝码？抑或是自己一手创造的孩子，在它身上倾注了许多的情感和心血？如果你把产品当成自己的孩子来塑造，无条件地去爱它、呵护它，认真倾听它的心声，那么你将成为出色的创造者，终有一日能在自己的领域里干出一番事业。

守住初心，热忱不改

对工作的热爱分为好多种，有的源于新鲜感，有的源于功利心，有的源于对工作本身的喜欢。基于新鲜感发奋工作，热血只能维持三分钟，一旦掌握了基本的流程，神秘感和想象空间消失，便会陷入厌倦，再也打不起精神。被功利心驱使着工作，一旦名利双收，得到了自己想要的，就会弃工作如敝屣，再也没有热情可言。只有发自内心地热爱自己的工作，才能守住初心，热忱不改。

稻盛和夫 26 岁创业，现在年过八旬仍初心不改，归根结底是因为对工作、对事业的热爱。他不追求廉价浅薄的新鲜感，也不在乎名与利，数十年如一日地研发新产品，是因为他由衷地喜欢无机化学，喜欢新型陶瓷，希望看到自己的产品被应用到各个领域、各个行业。客观来说，稻盛和夫并不是一个不服老、不服输的工作狂，而是一个遵从自己内心的人。对于被迫从事工作的人来说，哪怕多工作一分钟都是无比痛苦的，但对于喜欢工作的人来说，工作的每一分每一秒都是快乐的，即使从早到晚从事艰辛的劳动，也不会觉得疲累。稻盛和夫之所以工作热情不减，就是因为他对工作的热爱程度始终没有衰减过。

从某种意义上说，热爱是最好的保鲜剂，能让你在熟悉的工作领域里时时有激情，时时有好奇心和新鲜感；热爱也是最好的催化剂，能把你的潜能和活力激发出来，助你在每个阶段更上一层楼，不断斩获成功；热爱同时也是最好的助燃剂，能让你时时热血沸腾，以不变的热情对待每一天。总之，要想守住初心，打好持久战，前提便是爱上自己的工作，让热爱为人生导航。

最初，稻盛和夫对新型陶瓷并不感兴趣。大学时代，他钻研有机化学，期望在相关领域大展拳脚。毕业之后他发现自己平生所学在日本没有用武之地，被迫改行研究无机化学。第一份工作很不理想，不仅工作条件艰苦，待遇差，而且压力大，任务繁重。同事忍受不了这样的环境，纷纷拂袖而去。由于家人不同意他辞职，稻盛和夫阴差阳错地留了下来。

刚进入研究室时，其他研究人员无一例外全都参与核心产品研发，负责改良绝缘瓷瓶材料，只有稻盛和夫因工作经验不足，被分配到了新型陶瓷领域。新型陶瓷在当时的日本发展前景不明朗，属于未知领域，所以在国内几乎找不到相关的研究资料。公司资金短缺，连像样的设备也没有，种种不利的条件，使稻盛和夫心灰意冷，不知出路在哪里。

彷徨了一段时间之后，稻盛和夫努力说服自己尝试着喜欢目前的工作。公司没有资料，他便前往大学图书馆查阅文献，把相关的行业期刊和学术纪要的重点全部记录下来，还购买了许多专业书籍。为了获得新型陶瓷领域的前沿资讯，他硬着头皮向美国陶瓷协会索要论文，那时他英语不精，根本看不懂英文论文，每天捧着英文词典逐字逐句翻译。随后，他进行了大量的实验和研究工作。不知不觉中，他喜欢上了新型陶瓷，爱上了无机化学，他坚信自己所从事的工作将来一定会有一个好的发展前景，于是工作越来越卖力。此后，他不再强迫自己热爱工作，而是完全被新型陶瓷的魅力吸引着工作，由原来的度日如年变成了现在的甘之若饴，整个工作过程变得轻松和愉快起来。

只有少数人能毕生从事自己真心热爱的工作，大多数人都是在没有选择的情况下，被动进入某个行业或某个领域的，为此可能感到不安，或产生抵触厌倦情绪，也有可能时刻都会有种身不由己的无奈。这些心理感受都是人之常情。但我们不能让负面情绪永远占据自己的身心。与其愁眉苦脸地被动工作，何不尝试着带着愉悦和喜爱的心情去工作，也许在上下求索的过程中，你会发现另一个天地，不知不觉爱上自己的工作，并在相关领域取得成功。

像热恋那样迷恋工作

为什么在工作时有人觉得时间很漫长、日子很煎熬，有人却觉得时光飞逝、人生匆匆呢？这就涉及相对论了。爱因斯坦说，坐在夏日的火炉旁被高温炙烤，一分钟就像一个小时那么漫长，而坐在秀色可餐的美女身旁谈笑风生，感觉一小时就像一分钟那样短暂。可见，跟喜欢的人或事物相处，心情愉快，总觉得美好的时光短暂易逝；反之，被迫跟自己讨厌的人或事物相处，就会度秒如年。因此，唯有像热恋那样疯狂迷恋工作，才能消解痛苦，进而在愉悦的氛围中完成任务。

工作本身是有魔力的，否则世上不会有那么多工作狂。工作狂的境界常人是很难理解的，他们就像热恋中的年轻人一样，痴狂、执着。对此，稻盛和夫是这样描述的："热恋中的情人，在旁人看来目瞪口呆的事情，他们却处之泰然。"

恋爱大致分为两种，一种是一见钟情，另一种是日久生情。没有遇到自己喜欢的工作，仍然可以和工作谈恋爱，恋爱关系可以参考第二种。一见钟情的迷恋未必会天长地久，日久生情的关系却有可能持续到地老天荒。工作也是一样。今天，也许你并不喜欢自己的工作，但只要肯转变态度，培养出恋爱的感觉，就有可能把这份工作发展成一生的事业。

在创办京瓷之前，稻盛和夫喜欢上了一个女孩。每到星期日，他都会邀请那个可爱的女孩看电影，然后十分绅士地送她回家。本来乘坐电车可直达目的地，但为了和女孩多些时间相处，稻盛和夫故意提前下车，然后慢慢步行。两人边散步边闲聊，非常浪漫，每次都会走很远的路。当年稻盛和夫工作非常繁忙，下班之后几乎已经精疲力竭，但是陪着女孩走了那么久，他却丝毫也不觉得累，一路上兴致盎然。

稻盛和夫认为，对待工作就应该像对待恋人那样，只要喜欢了，便应当不辞劳苦地追求，与之相处时，要心情愉快、激情满怀，不能有丝毫的冷淡，这样才能做出成绩。创业以后，新成立的京瓷接了一笔订单，根据客户的要求负责生产水冷复式水管。当时，公司使用的是制造陶器的普通黏土，成型的水管因为干燥不均出现了裂痕。稻盛和夫用了很多种方法，都没能成功解决问题，最后干脆把未完全干燥的产品裹上布条，然后吹雾气，使其自然干燥。由于这个过程时间过长，产品因受到重力发生变形，稻盛和夫一时想不出对策，只好抱着水管过夜。

当晚稻盛和夫在窑炉旁找了一个位置，然后像拥抱情人一样温柔地抱着水管，一直缓慢地转动着水管，试图使其均匀干燥。这种让旁人心酸的认真，使水管变形的问题解决了。

在大多数人眼里，爱情是神圣的、美妙的、令人心驰神往的，而工作是沉重的、乏味的、让人提不起兴致的。两者根本没有可比性。稻盛和夫却告诉我们，爱情和工作可以合二为一，如果爱上自己的工作，就能在工作的过程中找到恋爱的感觉，那么以后就会因为工作欣喜、欢愉，所有烦躁和痛苦的情绪都将消失。

每天精神饱满地战斗

如果用曲线描述一天的工作状态，将出现许多的起起落落，这是一种正常现象，毕竟没有人能每时每刻都保持精神抖擞的状态。偶尔的懈怠、走神儿是不可避免的小插曲，但是作为一个认真负责的人，每天把自己调整到最佳状态，全力以赴、精神饱满地工作，乃是必须要做的事。

稻盛和夫在事业刚刚起步时，时刻都怀着有可能垮台的危机感，不敢有片刻的懈怠，每天工作到深夜。走出办公地，街上已是灯火阑珊，但对手的公司却灯火通明，那时稻盛和夫所承受的压力可想而知。现在，我们面临的压力虽然比不上稻盛和夫创业初期的情况，但仍然不能掉以轻心。因为我们随时都有可能被淘汰。

工作不是冲锋打仗，但是我们需要有战斗的姿态。如果我们总是心不在焉，时而思绪游离，时而昏昏欲睡，不仅影响工作效率，还会影响到未来的发展。可以毫不夸张地说，状态直接决定结局。好比一张弓，只有使出平生力气，将它拉满，才能保证箭的射程，才有可能命中目标。若是力度不够，弓弦松弛，箭根本发射不出去，又何谈击中目标呢？工作不尽心，状态不佳，神经松弛，是不可能达成目标的。唯有每天精神饱满地战斗，把自己调整到最佳状态，才能发挥出最高水平，才能在激烈的竞争中胜出。

人的精力和热情是有限的，不可能像恒星一样持续地发光发热。这是否意味着过于拼命工作会消耗有生力量，提前进入疲惫状态呢？这种担心有一定的合理性，但不必过于夸大。稻盛和夫每天都以最佳的状态工作，比任何人都卖力，但却依旧精力充沛、容光焕发。这是为什么呢？原因有两点，一是危机感和压力给他带来了不断奔跑的动力，二是对工作的热爱使他产生了不竭的奋斗动力。所以，他的精力和热情并没有因为身体的疲累而衰减。

京瓷进入稳步发展时期之后，稻盛和夫接到了IBM的订单。能和IBM那样的科技巨头合作，稻盛和夫非常兴奋。那时的京瓷还是一家名不见经传的小公司，除了技术，没有任何依傍的资本。IBM的垂青，给稻盛和夫带来了信心。34岁的稻盛和夫在新型陶瓷领域苦苦打拼了8年，终于小有成就。作为业界的黑马，他却丝毫不敢懈怠，得到IBM的订单之后，不仅没有放松自己，反而更努力、更拼命了。

为了节省时间，稻盛和夫干脆以工厂的宿舍为家。宿舍很简陋，里面有一张双层床。稻盛和夫睡上铺，公司常务睡下铺。有一天，稻盛和夫工作到凌晨五点才回去，刚躺下不久便进入了梦乡。按照规矩，他需要参加早上七点的晨会。常务见他睡得深沉，不忍心叫醒他，蹑手蹑脚地离开了房间，任由他呼呼大睡。稻盛和夫一直睡到中午才醒，他感到非常羞愧。此后，无论工作到多晚，他都没有错过晨会。

拥有超人的意志，就会获得超人的能量。人的意志可以作用于身体，产生奇妙的化学反应。当年米开朗琪罗凭借一己之力完成了圣彼得大教堂穹顶的恢宏巨作，倚仗的正是这股超人的力量。稻盛和夫由无名小卒蜕变成坐拥亿万资产的知名企业家，数十年奋斗不息，激情之火不灭，倚仗的也是这股超人力量。对意志坚定的人来说，精神饱满地战斗是人生的一种常态；变压力为动力，把热爱转化成不竭的能量，拼尽全力奋斗，是一件自然而然的事。真正的强者，将奋战到最后一刻，即使是成功了，也会以最佳的状态迎接每一个美好的明天。

微小的进步同样鼓舞人心

工作中的乐趣需要挖掘和体会。有时候令人振奋和喜悦的可能不是工作本身的进展，而是自我的成长和一点点满足感。每天进步一点点，哪怕取得的成绩无足重轻，仍然能让人感到欣慰。突破性进展，固然振奋人心，但它总是姗姗来迟，不能给人以及时的鼓舞，而微小的进步时时却能出现，它就像天上的繁星，虽然不够醒目，却能照亮整个夜空。

稻盛和夫很看重微小进步的价值。在实验室里，只要研究工作取得一点点进展，他就会毫不掩饰地表达自己的快乐，丝毫不觉得有什么不妥。对于别人的夸奖，他全然笑纳和领受，并由衷地表达感谢，从不否定自己的成绩；他把那种小小的成就感和满足感当成精神食粮，然后带着满心的喜悦投入艰苦的工作。

或许有人认为取得一点点进步，就得意忘形、沾沾自喜，实在太浅薄、太没有自制力了。真正的智者应该虚怀若谷，不管取得多大的成就，都不能张扬，更不能喜形于色。稻盛和夫主张平时为自己微小的进步高兴，并不是骄傲自满的表现，而是一种自我激励的方式。毕竟工作非常辛苦，如果不懂得苦中作乐，不愿意给自己适当的奖励，就很容易被消极郁闷的情绪埋没。不去做苦行僧，在前进的道路上时不时给自己一点儿犒赏，让自己提前尝到胜利果实的甘美，乃是一种非常智慧的策略。它也是所有奋斗者战胜寂寞、战胜孤独和苦闷，不断自我超越、自我精进的法宝，作用不可小觑。

有一年，稻盛和夫负责测定实验数据。助手是一个重点高中出来的学霸，他聪明谦逊，在工作中帮了稻盛和夫不少忙，两个人配合默契。那时稻盛和夫年轻气盛，性情单纯，喜怒哀乐直接挂在脸上，从不刻意拘束自己。每当测出的数据和他事先预想的结果一模一样时，他就高兴得又蹦又跳，像小孩子一样。助手见了，既没有表达祝贺，也没有跟他一块儿庆祝，只是冷冷地盯着他看，似乎有什么不满。

一次，测试完实验数据之后，稻盛和夫又一次兴高采烈地跳起来，助手却依旧面无表情，一副事不关己的样子。稻盛和夫忍不住说："你应该一起高兴才是啊！"助手一听，原本那张冷若冰霜的脸一下子变得铁青，然后毫不客气地说："我觉得值得男人不顾礼数、兴奋到跳起来的事情，一共也没几件。而你经常因为一点小事就忘乎所以、手舞足蹈，还希望我加入，这是非常轻浮可笑的行为。”

稻盛和夫被狠狠地数落了一顿，怔怔地待在原地不知道如何反驳。不过仅仅过了一会儿，他的思路便清晰了起来。他不认为自己做错了什么。研究无机化学是一份非常枯燥的工作，如果有了小小的成果，并为此感到喜悦，就应该表达出来，只有这样才能振奋精神，带着喜悦和激动的心情继续钻研下去。

巨大的成就是由无数个微小的进步积累起来的。点滴进步是铺就成功道路的沙粒，自有其价值。取得小小的成绩，同样值得庆贺和高兴。不要刻意压抑自己的喜悦之情，更不要忘记奖赏自己。如果你被自己的情绪深深感染，把这份喜悦和感动注入心田，让它占据自己的身心，你会深深爱上目前从事的工作，并且喜欢上认真工作的自己。

每一次成长和进步都值得喝彩，即使只前进了一厘米的距离也值得欢呼雀跃。蜗牛行进的速度虽然缓慢，却也能爬上金字塔。每天进步一点点，也许未来的某一天便能征服世上所有的高峰。

做一个自燃人，点燃激情的火把

稻盛和夫把物质分为三种类型：第一种是可燃物，第二种是不燃物，第三种是自燃物。人的分类也遵从同样的方法。有的人只有在被鞭策、被激励的情况下，才能燃起激情，就像可燃物必须借助氧气、火种燃烧一样；有的人麻木不仁、冷酷无情，如同行尸走肉一般，无论在什么条件下都不能燃烧，与不具备可燃性的物质毫无二致；有的人会自发地燃烧，做事积极主动，总是热血澎湃、激越昂扬，仿佛有耗用不尽的斗志、浇灭不了的激情。

稻盛和夫认为，做一个自燃人，才能更快地步入成功。那么如何做到呢？他说，最简单、最直接的办法就是先喜欢自己的工作。喜欢自己的工作，将自发地燃烧，无须借助外力，就能释放出巨大的能量。自燃不需要燃料，在稻盛和夫看来，“喜欢就是最大的动力”“只要喜欢热爱，热情自然涌出。”

每个人都渴望拥有一段燃烧岁月，可是苦于难以进入“燃”的状态。稻盛和夫为我们指明了方向，他说，“爱上工作，点燃激情的火把，就能神奇地自燃。”热爱工作的人，无须任何人吩咐，就能主动把工作做到最好；无须鼓舞、煽动，就能进入一种亢奋状态，不由自主地贡献自己的才智、创想和汗水，甚至能把阻力变成动力，把绊脚石变成垫脚石，自己开辟出一条全新的道路。

当年，伽利略不顾世俗的压力，毅然登上比萨斜塔，做了两个铁球同时着地的经典实验，是源于对科学的热爱；达·芬奇孜孜不倦地研究人体结构和人体美学，耗费三年时间完成旷世杰作“蒙娜丽莎”，是源于对绘画的热爱；稻盛和夫把宝贵的岁月和青春年华献给了实验室，是源于对无机化学的热爱。大多数商人都没有科学家、艺术家的情怀，对事业的热爱皆源自对金钱、利益的追逐，激情之火随着金钱的多寡、利益的多少而明明灭灭，不能持久地燃烧自己。稻盛和夫不同，他真心热爱自己从事的工作，毕生都处在自燃状态，所以才能获得持久的成功。

稻盛和夫创业之初，两手空空，一无所有，除了一腔热血，没有任何资本。然而当他宣布离开松风工业另起炉灶时，昔日志同道合的同事毫不犹豫地加入了他的团队，连老成稳重的青山先生都站到了他的阵营。大家都认为稻盛和夫有想法、有热情，日后必成大事，所以都愿意追随其左右。

在筹建公司的过程中，青山先生出力最多。为了募集资金，亲自带着稻盛和夫拜访财大气粗的好友西枝先生。对方态度冷漠地说："一个二十六七岁的毛头小伙子能有什么作为？"青山先生坚持说稻盛和夫是一个难得的热血青年，将来前途不可限量。西枝先生反问道，有热情就一定能成功吗？经过青山先生的极力游说，西枝先生终于在稻盛和夫身上看到了潜力，最后出资40万日元。其他投资者有的出300万日元，有的出130万日元，出手都很阔绰。作为老板的稻盛和夫没有钱，只能以技术入股，但大家都相信他。为了凑齐1000万日元的运转资金，西枝先生不惜以家宅作抵押向银行借款，给了稻盛和夫莫大的支持。股东们把自己的命运和家产全都压在了年轻的稻盛和夫肩上，可见对他有多么信任。人们为什么要相信一个涉世不深的愣头青儿呢？原因在于，稻盛和夫有永恒不灭的激情，他发自内心地热爱自己的事业，人们笃定终有一日他会成功。

成功是需要情怀的，人是需要有一点儿精神的。没有对事业对工作的热爱，没有燃烧不尽的激情，就不能持续不断地取得更大的成功。向前跨越需要推力和助力，而所有的动力皆源自热爱的熊熊火焰，只有点燃自己的激情，才能找到奋斗的真谛，把事业推向辉煌。

疯魔痴狂，才能成就一番伟业

俗话说：不疯魔不成活。人只有狂热地追求某个事物，进入近似于走火入魔的状态，才能登峰造极，成为难以超越的人物。曾几何时，牛顿把手表当成鸡蛋放到锅里煮，一时成为笑谈；曾几何时，法国高空表演艺术家菲利普·帕特仅仅依靠一根钢索和一根平衡木，就敢徒步从离地 417 米的双子塔中间走过，被看成不要命的疯子；曾几何时，高更远遁尘器，隐居在偏远静谧的塔希提岛，从早到晚疯狂作画，被视为高蹈出世的痴狂人……如今，他们都成了了不起的人物，他们的成就至今无人超越。

疯魔痴狂是追梦人应有的状态，具备这种常人难以理解的狂热，才能成就一番伟业。一般而言，一些企业家和普通行业的劳动者很难进入这种匪夷所思的状态，因为他们日常工作缺乏神秘感和艺术性，且也不需要冒险精神，所以大部分时间心如止水，很难让狂热的火苗燃烧起来。然而稻盛和夫不同，他对工作的热爱已经到了痴狂的地步，只要走进实验室，他就像着了魔一样，满脑子都是化学原理，正是凭借着这种精神，他攻克了许多技术难题，制作了一批又一批精度极高、品质一流的新型陶瓷产品，远远走在了时代的前列。

京瓷成立不久，公司的产品出现了一个严重的问题，成品不符合规格，陶瓷在烧结的过程中发生了形变，出炉时边缘出现了大幅度翘曲，乍看上去，形状就像烤鱿鱼一样滑稽。这是怎么回事呢？原来，和陶瓷产品的加工工艺有关。工作人员先把原材料粉末加工成一定的形状，然后放到炉内高温烧制。产品在烧结的过程中会缩小两成的尺寸，由于各个方向收缩的幅度不均衡，便发生了翘曲。关于这个问题，现有的研究一片空白，稻盛和夫从文献资料上查不到任何有价值的信息。他只能自己琢磨，自己想办法解决。

他认为问题出在模具加压的环节上，原材料粉末被放入模具之后，上面和下面受到的压力不同，导致密度不均，下部密度低收缩率大，所以出现了翘曲。弄清原因后，稻盛和夫在炉后开了一个小孔，然后透过小孔观察翘曲产生的过程。只见产品就像活物一样在高温的灼烧下蜷缩了起来。他做了很多次实验，每次实验结果都一样。

有一次，稻盛和夫莫名产生了一种冲动，恨不能把手伸过去将产品死死压住，以阻止翘曲的产生。当时炉火熊熊，炉内温度至少有1000度，要是真把手伸进炉子，那只手将在一瞬间化为灰烬，这个想法无疑是疯狂的。事后，稻盛和夫也感到后怕。虽然他没有做出疯狂的举动，但刹那间疯狂的冲动和想法却启发了他，很快他就找到了解决问题的最佳方案。他用重物将产品压住，这样产品就不会发生翘曲了。问题得到圆满解决后，公司终于生产出了一大批合乎规格的产品。

人们常说：天才和疯子只有一步之遥。反过来说，如痴如狂的疯子大都具备天才的资质。疯魔是成才的必经之路，不疯魔不成活，不疯魔就成不了顶尖人物。狂热不是一种病态，而是一种态度，只有对工作对事业狂热到无以复加的程度，才能到达常人涉足不了的高度，才能成为某个领域首屈一指的人物。

第三章　用心做事：敬业是一种精神，更是一种境界

崇高的使命感是成功的基石

大多数伟人都对自己的工作怀有崇高的使命感，比如林肯统一美国，解放黑人奴隶，不是为了证明自己有多么伟大，而是为了追求正义和真理；白求恩不远万里来到中国，夜以继日地救治伤员，不是为了流芳百世，而是为了挽救宝贵的生命。伟人的境界常人达不到，那么普通的工作者是否应该对自己所从事的工作怀有使命感呢？当然。医生救死扶伤、军人保家卫国、教师教书育人，哪一项工作不神圣呢？即便是打扫垃圾的清洁工，也为保持城市环境整洁做出了贡献；搬砖抹泥的建筑工人，也为城市的建设贡献了力量。各行各业，所有的工作都是有价值、有意义的，我们应当尊重每一份工作，并且对自己从事的工作怀有崇高的使命感。

对稻盛和夫来说，生产精密陶瓷产品最大的意义是什么呢？是最大限度地赚取利润吗？当然不是。利润只是额外的馈赠，他为社会提供了高端优质的产品，理应获得相应的报偿。在稻盛和夫看来，陶瓷产品不仅是精巧的部件、高科技的浓缩，还能改变人类的生活。没有精密陶瓷，人们就找不到显像管的绝佳材料，电视机就呈现不出高

质量的清晰画面，家电行业势必受到影响，人们的观看体验将大打折扣；没有精密陶瓷，通信业就不可能发展得如此迅速，消费者也可能享受不到廉价便捷的通信服务。所以，长久以来，稻盛和夫都是怀着崇高的使命感在工作的、造福人类、服务社会的使命感，使他对自己的事业感到无比自豪。正是这种无与伦比的自豪感，促使他在成功的道路上越走越远。

对于大多数工作者而言，工作只是糊口的工具，除此之外，找不到其他意义，正是因为抱有这种想法，才很难做到敬业，也很难把分内的事做好，以致终身与成功无缘。事实上，工作是不分等级的，每一份工作对他人、对社会都有积极的意义。工人生产的每一件产品，都将流入市场、流向消费者，影响千千万万用户的生活；农民生产的每一粒粮食、种植的每一棵蔬菜，都将成为人们餐桌上的饭食，滋养千千万万的身体；职员制作的每一份报表、拟写的每一份企划、出具的每一份行业报告，也都有可能对自己的公司和相关行业产生影响。所以不要低估自己工作的价值，无论你在哪个行业、哪个领域工作，只要具备了一定的专业能力，并且怀有崇高的使命感，都有可能业有所成。

稻盛和夫的公司在进入电信行业之前，日本国内的通话费用是十分昂贵的。稻盛和夫发现自己在海外打国际长途，话费居然远远低于在日本通话的费用，他非常诧异，于是暗暗发誓一定要让日本的老百姓享受到廉价的通话服务。他把自己的想法跟各大企业主分享了，可是国内的企业家都觉得投资电信业风险太大，都不愿意涉险。孤立无援的稻盛和夫只好自己单干。

为了铺设线路，稻盛和夫不得不向国铁总裁求助。没想到国铁总裁对这项利国利民的工程不仅一点儿也不感冒，居然还态度冷淡地对他说："我为什么要帮你，你的公司又不是我的子公司？"虽然频频遭受冷遇，稻盛和夫却丝毫不动摇。他认为自己没有错，他是怀着为民众服务的使命感工作的，并不仅仅将赢利看作唯一追求，这是一项利国利民的工程，将来一定会得到理解和支持。历经种种困难，稻盛和夫终于成功铺设了线路，在国内建起了多个基站，电信行业如火如荼地发展起来了。日本老百姓终于享受到了廉价优质的通信服务，而稻盛和夫名下的第二电信公司也一跃成为日本最有影响力的电信企业之一，并跻身为世界五百强公司之列。

许多人认为所谓的使命感是虚无缥缈的，对个人的成功没有任何帮助。然而事实证明，崇高的使命感是成功的基石。没有使命感的人，取得不了巨大的成功，只有为使命感工作的人，才能摆脱蝇营狗苟的状态，取得超乎想象的巨大成功。

让兢兢业业、一丝不苟成为工作习惯

常言道：细节决定成败。无论做什么事情，只有兢兢业业、一丝不苟才能把工作做到极致，任何一点儿疏忽都有可能造成"差之毫厘，谬以千里"的严重后果。一个人可以在生活中不拘小节，但在工作中不能有丝毫的大意，否则后果不堪设想。

以精密陶瓷的生产为例，加工一件成品，需要多道工序，任何一道工序的完成都需要高超精细的技术作保障，如果有一个环节出了问题，哪怕只是出了 1% 的差错，那么整个产品都得做报废处理。所以在京瓷，稻盛和夫要求员工有意识地注意方方面面的细节，连最微不足道的细枝末节也不能放过，只要听到异响，必须及时作出反应，以便降低产品的报废率。在稻盛和夫看来，再细小的工作也值得全心全意去做，且值得投入百分之百的努力。正是凭借着这种一丝不苟的敬业精神，他把京瓷做成了世界知名品牌。

人们都期望做大事，不屑于做小事，皆以为有胸襟、有气魄，具备超凡胆识，就能成就大业，对做事一丝不苟喜欢苛、求细节的人不屑一顾。可老子说得好："天下难事，必作于易；天下大事，必作于细。"简单的事做不好，难事自然也做不好；小事都做不好，何谈做大事？正所谓"一屋不扫，何以扫天下"，只有把小事做到无懈可击，把每一个环节做到尽善尽美，让一丝不苟成为工作习惯，才具备做大事的能力和素质，才能成就一番大业。

有一次，稻盛和夫和一个前辈一起清洗灌磨机中的石块。两个人拿着刷子，忙碌了很久。那位前辈工作极其认真，全神贯注地关注着手里的活计，整个过程一言不发。稻盛和夫见他干活儿那样仔细，有点儿不耐烦，不满地嘀咕了一声，打算走开。走出几步之后，稻盛和夫忽然停下了，在好奇心的驱使下，他留下来静静观察老前辈工作。只见对方手持刮刀将石块中的粉末一点儿一点儿地清除，然后用刷子细细清洗了一番。最后一个步骤是用腰间的毛巾把石块擦拭干净。

看完整个流程，自以为做事认真的稻盛和夫感到无比震惊。眼前这个默默无闻的清洗工，给他上了非常生动的一课。在此之前，稻盛和夫认为研发工作是重中之重，只要研发出高端产品就大功告成了，至于设备的清洗环节，他从来不看重。认识老前辈之后，他才认识到灌磨机里未及时清除的粉末，将成为下一次实验的杂质，会直接影响实验的结果。因此，清洗工作至关重要。

有了这样的认识之后，稻盛和夫开始用平等的眼光看待工作中的每个环节，对细节的要求也更加严苛了。此后，每次做完实验，他都会把器具清洗干净。所有的设备和容器不仅一尘不染，而且一点儿杂质残留都没有，实验的精确度因此大大提高了。表面看来，清洗碎屑粉末和研发毫无关系，只是无关紧要的杂事，不必认真对待，也不值得浪费时间。但是清洗工作做得不彻底，设备里混入了杂质，就不能达到预期的效果，所有的努力都有可能付诸东流。

工作的流程是环环相扣的，一个环节没把握好，便有可能引起多米诺骨牌效应。不要轻视细小的环节，不要忽视看似无关紧要的细节，而要用一丝不苟的敬业态度将每一个细微处妥善处理好。世上之事，以小可以窥大，细微处可见真章，细节处理得是否到位，可直接反映出一个人的工作态度和专业水准。

成大事者不仅能统览大局，还能完美处理好所有的细节，而好高骛远的人通常小事大事都做不好。要想成就一番事业，必须克服眼高手低的毛病，先把寻常工作做好，把每一个细节处理妥当。当你把每件事情都处理得几近完美时，就已经具备了干大事的资历和能力，以后无论做什么事都能得心应手。

精益求精，每天精进自己的技艺

如何成为一个行业的精英呢？稻盛和夫认为，只有对工作精益求精，每天极度认真地工作，不断精进自己的技艺，才能梦想成真。现实生活中，很多人对自己要求不高，认为工作表现勉强达到及格水准就可以了，没有必要对自己太过苛刻，正是因为怀有这种心态，技艺水准并没有随着工作年限的增加而有所提升。这也是许多工作者长年在一个岗位上工作，却毫无建树的根本原因。

稻盛和夫从业五十多年，论见识、能力、经验，远超同行业的竞争者，即便如此，他仍然没有在原地踏步，而是每天都在精进自己的技艺，每天都在进步和成长，力图做到最好。

做事精益求精的人，工作越做越好，早晚会把事业做大做强，未来不可限量。而每天把“差不多”当成口头禅的人，做事马马虎虎，遇到问题敷衍了事，注定一事无成。人生的成与败，是由自己来把握的。只有用心经营人生，用心对待工作，不断提升自己，才能脱离平庸，成为社会所需要的高端人才。

稻盛和夫是学工科出身的，理化知识渊博，在实践中又掌握了许多实用技术，换作别人，会对自己万分满意，不大可能继续钻研技艺了。然而稻盛和夫不同。他认为，科技是不断向前发展的，人类对新技术的追求是没有尽头的，作为高新技术领域的研发者，不仅要与时俱进，还要不断提升自己的理论水平和技术水平，为大众提供性能、功能最好的产品。

自入行以来，稻盛和夫几乎每天都在学习，时不时都会对进行新产品的研发。他没有把自己局限在熟悉的领域，而是频繁踏足陌生的新领域。最初，公司研发的产品主要应用在电视等电器上，后来应用到了手机上，随后又应用到了医疗领域。每一次转型，稻盛和夫都要琢磨新技艺新方法，都要解决无数的技术难题，在提升产品性能和质量方面不知下了多少苦功夫。刚刚踏足新领域时，京瓷生产了不少不合格产品，随着技术难题被逐一攻克，产品合格率越来越高，之后出产的产品不仅品质一流，而且性能和内在品质远远超过同类竞争产品。这些点滴的进步，离不开稻盛和夫精益求精的追求。

很多成功人士一生只专注一件事，只是为了把这件事做精。或许有的人会疑惑，把工作做精何其容易，值得耗用一生吗？其实，把一件事做精并不容易。时代是不断地向前发展的，行业对人的要求也越来越高。无论投身到哪个领域，要学的知识都是无穷无尽的，技术精进也是没有止境的，即使成了某个领域的泰斗，也仍然有很大的进步空间。

有些人掌握了一定的知识和技能，便觉得没必要提高自己了，可以轻轻松松度过后半生了，这是何其可笑啊。俗话说，人生如逆水行舟，不进则退。在别人急流勇进的时候，你不肯前进，那么过不了多久就会在残酷的竞争中被淘汰出局。世上最可怕的事，不是你技不如人，而是比你优秀的人还比你更努力，在本该奋起直追的时候，你选择了止步不前。在别人精益求精，不断自我提升的时候，你选择了得过且过，任由宝贵的时间白白溜走，未来可想而知你与优秀人士的差距将越来越大，成功的可能性将越来越小，也许一辈子就这么浑浑噩噩度过了。如果你不想成为可怜的失败者，那么从今天起，严格要求自己，做每一件事都要精益求精，不断提升自己的核心竞争力，这样，你的明天才能如期望的那么美好。

完美不是最佳，而是无可挑剔

精品的诞生离不开完美主义。力求完美，才能创造出不朽的杰作。但凡有所造诣的人，或多或少都有完美主义情结。比如，雕塑大师罗丹，他对作品精雕细琢，力图生动地再现每一处细节，塑造出了一个个血肉丰满的形象；再比如，苹果灵魂人物乔布斯，他追求时尚、轻薄、前沿的科技感和酷炫体验，将手机、平板电脑的屏幕打磨到超薄水准，推出了一系列风靡世界的尖端产品；再比如，飞行大亨霍华德·修斯，他要求机身的每一个铆钉都与整体完美融于一体，制造出了外观霸气、性能卓越的机型。正是基于对完美的不懈追求，他们才创造出了永恒的产品，并成就了自己。

稻盛和夫也是一个不折不扣的完美主义者。在他看来，没有最好的产品，只有更好的产品。行业内最佳的产品，未必就是完美的产品。最佳是比较出来的，矮子里挑将军也能找出最佳，但“最佳”的名号很有可能名不副实，它的适用范围太窄，不能作为客观评价标准。

也许有的人认为世上根本不存在完美的人、完美的事物，追求绝对的完美是一种作茧自缚的行为，会给自己带来很多无形的压力，不利于正常工作的展开。这种观点有一定的道理，但不全对。世上虽没有完美的东西，但却有一颗追求完美的心，追求完美未必能到达完美的程度，但却能让自己把工作做到无懈可击，即使吹毛求疵，用最苛刻的标准来审视，很难找到纰漏和破绽。如果能达到这个水准，必然能在某个领域、某个行业取得令人望其项背的成就。

京瓷成立20年之际，接待了法国大型石油开采公司的董事长詹恩·里夫。詹恩·里夫是法国名流，纵横政商两界，在访日期间，特地抽出时间拜访了稻盛和夫。稻盛和夫十分诧异，不清楚对方有什么意图。经过交谈才知道，对方只是想和他探讨一下经营哲学，彼此交流一下意见。当年稻盛和夫对詹恩·里夫及其名下的公司了解不多，但两人一见如故，相谈甚欢。稻盛和夫很欣赏詹恩·里夫的风度，对方的经营理念赞叹不已。

两人促膝长谈到深夜，谈到了完美主义的话题。詹恩·里夫说他所秉持的理念是把工作做到最佳。稻盛和夫表示同意，但又提出了自己的看法。他觉得最佳的要求虽符合常理，但不像完美信条那样具有激励人心的作用。最佳是和别人比较的结果，而完美是对自身的要求，只有秉持完美信条，才能生产出无限接近完美的产品。詹恩·里夫听罢，十分赞同，于是说："你说得很对，看来我要修改公司信条了，把'最佳'改成'完美'才行。"

完美是无可挑剔，完美是至高无上，完美是一切的极限，在这个世界上，没有什么能超越完美。所以，追求完美相当于不断追求更高的目标，步入巅峰后将进入下一个巅峰。小有成绩的人容易被"最佳"的头衔困住，"最佳"代表在竞争中胜出，代表自己强于其他选手，但并不代表自己的能力已经到达了极限。唯有抛弃"最佳"的桂冠，克服虚荣心理，从盲目的比较中挣脱出来，才能获得更大的进步，才能超越自我，成就自我，获得更大的成功。

抱朴守拙胜于自以为是的聪明

中国人向来欣赏聪明伶俐、思维敏捷的人，不喜欢笨拙迟钝的人，因为前者办事高效、能力突出，而后者被视为低能、愚蠢的代表。在这种观念的影响下，头脑灵光的人大多能得到提拔和嘉奖，而踏踏实实的“老黄牛”员工、无比敬业的员工却大多被长期冷落。那么这是否意味着聪明就能完胜一切呢？是不是只要足够聪明就能拥有光明美好的前途呢？答案是否定的。中国有句老话说得好：“聪明反被聪明误”。有时候拥有自以为是的小聪明还不如抱朴守拙。

稻盛和夫认为，关于成功，一个人是否聪明并不重要，因为在成功的决定性因素中，天分所占的比例不过1%，剩下的99%是勤奋和汗水。也就是说主观上的工作态度决定成败，智力因素对职业生涯的影响微乎其微。作为跨国公司的经营者，稻盛和夫聘用过不同类型的人才，其中不乏智力超群的青年才俊。聪明人反应快，领悟能力强，在日常工作中一点就通，学习能力和随机应变能力都较强，他们给稻盛和夫留下了深刻的印象。除了聘用聪明人之外，稻盛和夫也聘用过很多，做事慢条斯理、老实厚道的人。起初，他认为聪明能干的青年能担当大任，值得重点培养，后来发现这类人普遍心高气傲、耐不住寂寞，还没等到晋升便纷纷另攀高枝儿了，而那些最初不被看好的老实人最后却成了公司的骨干。

笨拙的老实人完败聪明人，听起来就像慢吞吞的乌龟跑赢长跑健将兔子一样，让人觉得不可信，但它却是一种普遍的现实。仔细观察你会发现，很多智力上乘的人一般都一事无成，而智力平平、踏实肯干的人却占据了社会各界的重要岗位。这是因为这些聪明人太自以为是，做事不够踏实，敬业程度不够，性格上的缺陷限制了自身的发展。而智力一般、能力一般的人会想方设法弥补自身的不足，工作起来更卖力也更踏实，反而能超越智商极高的人，成为社会的中坚力量。可见，只要踏实肯干，就有希望获得成功。

在京瓷，有一个学历不高的工人，各方面表现都不突出，但做事十分认真。每天上班都拿着笔记本，认真地记录上司传授的每一个要领。虽然工作笔记做得很好，但他依旧是干苦力的工人。他天天都要挥汗如雨地工作，双手沾满污垢，衣服上布满灰尘，浑身汗涔涔的。但他从来不认为工作辛苦，上司吩咐的事都会干到最好，每次都能保质保量地完成任务。由于一直在基层工作，又没有什么强项，多年来他始终默默无闻。工友不曾注意到他，上司认为他只是把分内的事干好，没有任何特别之处，也没有花心思培养过他。

转眼间，那名工人辛辛苦苦为京瓷奉献了20年，当稻盛和夫与他再次相见时，简直快要认不出他了。原来对方早就离开了基层，现在已经是公司的事业部长了。那名工人走上了高层管理岗位之后，谈吐举止、精神风貌全部焕然一新，好像完全变了一个人。稻盛和夫不敢相信，眼前这个充满人格魅力、具有卓越领导能力的能人居然就是那个毫不起眼的工人。

在这个世界上，聪明人数量有限；聪明绝顶的人更是少之又少；稀缺的聪明人能够最终克服自身弱点，步入成功的，更是凤毛麟角。普遍意义上的成功，都是脚踏实地的普通人创造的。一个人的成就并不取决于他的聪明程度，而取决于他对待工作的态度。只要不是不可雕琢的朽木，只要做事认真、勤勤恳恳，就有机会突破自身的局限，得到更好的发展。

当今社会，真正天资聪明的人是很少的，精明的人却不计其数。有时候人们会把聪明和精明混为一谈。事实上，两者有本质的区别。像霍金那样的天才无疑是聪明人的典范。但钻营油滑、拈轻怕重的精明者至多有点儿小聪明，与聪明的智者相去甚远。精明是伪聪明的一种表现，具有精明特质的人做事浮躁，精于算计，只能凭借一些卑劣的手段获取一点儿实际利益，通常成不了大事。要想获得成功，必须远离这种自以为是的精明，靠脚踏实地的奋斗达成目标。

弱小和无知不是成功的障碍，傲慢才是

世人常以为，弱小和无知是失败的根源，也是成功最大的障碍。然而事实上，阻碍人成功的不是弱小和无知，而是傲慢。世间万物不是一成不变的，在一定的条件下，可向相反的方向转化。弱小者经过历练，可以变得强大，变得坚不可摧；无知者接受先进的知识、理念，掌握一定的经验和方法，可以变成一个智慧的人、一个强干的人。可是一个人一旦染上了傲慢的习气，就不能正确对待工作和生活了，很有可能做出许多糟糕愚蠢的决定，毁掉自己的大好人生。

稻盛和夫说：“真正的成功者，尽管胸怀火一般的热情和斗志，但他们同时也是谦虚的人、谨慎的人。”谦虚不仅是一种美德，还是成功

必备的品质。如今，由于个人主义膨胀，人们都渴望彰显自我，一旦有了财富和名望，就迫不及待地张扬炫耀，早已失去了谦逊的风度，更有甚者趾高气扬、得意忘形，有了一点儿成就便自我陶醉，在腐化堕落的道路上越走越远。

人在成名之前，做事普遍兢兢业业，无论做什么都极度认真，可是有了名气和地位以后，就不再敬业了，不仅对待工作敷衍，对人的态度也变得恶劣起来；人在穷困窘迫时，会非常珍惜工作机会，做事非常谨慎，生怕出现差错，每天都会自发地查漏补缺，对待每一项工作任务都尽心尽力，可是有了钱和身份以后，原来那种谨小慎微的态度不见了，做事不再小心翼翼，即使犯下大错也满不在乎，直到自毁前程才开始后悔。所以，人必须有自制力，要抵御住傲慢的侵蚀，如此才能在人生的拐点处把握好自己，避免犯下大错。

稻盛和夫在创办京瓷和第二电信以后，事业达到了巅峰——公司在研发领域取得了许多突破性的成就，新产品层出不穷。提起公司和稻盛和夫的大名，人们都赞不绝口。稻盛和夫被掌声和鲜花包围，周围几乎全是溢美之声。出于对他本人的追捧和崇敬，每次聚会，人们都把他安排在上宾的位置，众星捧月一样围绕着他，聆听他的教诲，希望从他的只言片语中领悟到成功之道。

虽然稻盛和夫是个内心沉稳的人，但经常被顶礼膜拜，也难免有点儿飘飘然。渐渐地，他开始生出骄傲自满的情绪，心想自己工作这么拼命，取得了这么辉煌的成就，方方面面都强于别人，难道不该享受高规格的礼遇吗？得意了一段时间之后，他开始反省自己。最终他意识到自己并不是不可取代的人物，精密陶瓷的事业如果自己不做，也会有其他人做。自己并不像世人吹捧得那样了不起。反思之后，他又恢复了平常心，于是又像以前那样卖力踏实地工作了。

傲慢是毒药，稍不注意就有可能深受其害，唯有服下谦虚的解药，才能幸免于难。而今，不少人认为谦虚是另一种形式的虚伪。满心得意时谦虚比赤裸裸的骄傲还让人反感。虚假的谦虚当然令人不适，也不值得提倡，但发自内心的谦虚还是应该保留的。保持谦逊的人，哪怕无知，哪怕弱小，每天奋起直追，终会有所成就；傲慢强横的人，无论知识有多么渊博，技能有多么高超，如果天天自我陶醉，拒绝干实事，那么终有一日会被后起之秀反超。太过傲慢，太过目空一切，还有可能为自己的桀骜和愚蠢付出惨重的代价。所以，即使做不到虚怀若谷，也不能让傲慢统治自己的心灵，人无论取得多大的成就，都不能自我迷失，要以一颗平常心对待荣誉和成绩，继续发扬敬业精神。

不要把错误视为理所当然

人不是全知全能的，在实际工作中难免犯下这样或那样的错误。所不同的是有的人知错能改，有的人反复犯错、屡教不改；有的人犯了错误会很难过，尽量避免下次出错，有的人却毫不在意，甚至把犯错视为理所当然。

稻盛和夫认为一个敬业的人，一个做事力求完美的人，对错误应该采取零容忍的态度。因为每一次错误都会产生后果，它带来的影响是不可能被橡皮擦掉的。任何一个错误都不可能一笔勾销、了无痕迹。不去正视错误，不花心思降低错误率，任由同类错误反复出现，后果将非常严重。有的人想当然地认为大错才值得重视和警醒，小错没什么大不了，不值得小题大做，所以在日常工作中不重视小的失误，经常犯下一连串的低级错误，由此造成了无数的麻烦。在稻盛和夫看来，频繁出现小失误，可能导致大的危机，微小的失误潜藏着巨大风险，绝不能掉以轻心。

现实生活中，不少人大错不犯小错不断，然而人们很少因为犯下小错而深刻反省自己，因此同类的低级错误总是不能杜绝。这是一种不敬业、不专业的表现。虽然没有人能保证自己一生不犯错，但有心人能保证自己不在同一个地方跌倒两次。对待错误的态度，能充分反映出一个人的能力和品德，有责任心的人通常知错就改，尽量不犯低级错误，而缺乏责任感，平日做事散漫的人则会把犯错当成家常便饭，不仅不考虑后果，而且连改善工作的心思都没有。这类人即使能力再强，也不可能被委以重任，因为他本身不值得信任。

稻盛和夫大学学的是工科，对于财务知识涉猎不多。每次审查账簿，他都会遇到疑惑不解的地方。本着“不懂就要问”的原则，他向公司的财务部长提出了许多问题。由于他的问题缺乏技术含量，都是些诸如“财务报表的读取方式”“复式账簿的登记方式”等，财务部长很不耐烦，觉得向一个外行人讲述最基本的财务知识非常浪费时间，且没有必要，回答时语气颇为不快。虽然不想理会稻盛和夫，但苦于职务比对方低，只能硬着头皮应承。财务部长为此十分烦恼。

有一次，稻盛和夫按例查账，发现了一个可疑的数字。财务部长略加说明，想要敷衍过去。稻盛和夫不依不饶，接二连三地发问，非要把数字弄清楚不可。财务部长越说越没底气，最后不得不承认账簿上的数字是他算错了。发现工作失误后，财务部长拿起橡皮，将账簿中的数字擦去了。看到这个举动，他没想到财务部的负责人做事居然如此不负责任，平时竟然用铅笔填写账簿的数字，以便随时可以用橡皮擦掉错误的地方，之后再毫无负担地改写。当天，稻盛和夫严厉批评了财务部长。财务部长非常窘迫，这才意识到问题的严重性。

在运算能力和反应能力方面，人可能不如机器，不能得出毫无差错的结果，工作中常常会出现偏差。但凡人经手的事就会有差错，就会有误差，但很多细小的、低级的错误是可以避免的。容忍自己接二连三地犯低级错误，是一种失职的表现，如若不能及时改正这种态度，不仅会影响自身的职业发展，还会给别人的工作造成困扰，可谓误人误己。

失误是无法擦除的，低级错误留下的痕迹也是无法擦除的。一个人不去尽心竭力地阻止错误发生，却总想着为可能出现的低级错误善后，那么他永远都不可能改掉错误。无数细小错误累积到一起，留下了深深印记，将成为个人履历的污点，到时无论使用什么方法，都不可能将这些污点擦除干净了。如果你珍视自己的前途，期望得到提拔和重用，那么从今天起，必须正视自己所犯下的每一个错误，不要再把犯错当作理所当然。

做一个心无旁骛的实干家

现代人做事很难做到心无旁骛、专心致志，因为在这个喧嚣浮华的时代，让人分心的东西实在太多。人们不知不觉被各种各样的事物吸引，精力过度分散，工作和生活陷入了碎片化状态。精神不能高度聚中，做什么事都心猿意马，不仅使工作效率大打折扣，还极大地影响了自己的幸福感。心理学研究表明，人们做事走神儿的时候，幸福感会明显降低。这是为什么呢？因为如果一个人不能专心处理眼下的事，脑海里总装着别的事情，就没有办法从目前从事的事情上找到快乐的感觉，将莫名地感到烦躁、空虚，引发各种不适。调查显示，很多上班族将近一半的时间是在走神儿中度过的，这也许就是他无法从工作中找到乐趣的根本原因。

稻盛和夫几十年如一日地工作，每天尽职尽责，一直心无旁骛。正是凭借着这种“不厌其烦、默默专注于一件事情的力量”，他缔造了京瓷奇迹，并在实干的过程中找到了幸福的真谛。他之所以能收获幸福、成功的人生，既是他多年来潜心奋斗的结果，更是他善于集中注意力的结果。关于注意力，他是这样描述的：“类似于锥子，锥子能将力量集中在它尖端的一点上，从而有效达到目的。”锥子的力量不可小觑，小而尖的造型，聚合千钧之力，不仅能摧枯拉朽，还能戳穿无比坚硬的物体。

锥子精神并非人人具有，很多时候，人们做事毫无成效，不是因能力不足所致，而是因为不懂得聚集自己的力量，时间和精力过度发散。倘若肯改变原有的工作模式，让自己变得像锥子那样专注于一个方向、一个焦点，那么情况肯定会大有改观。专注是成功的必要保证，从某种意义上说，专注造就精神，专注造就卓越。排除一切干扰，一心一意专研一件事，必然会取得成功。

京瓷曾耗费了大量人力、物力研究非晶硅感光硒鼓技

术。非晶硅硒鼓是一种新型环保材料，制作过程虽不复杂，但要求的精度很高，涂在铝筒表面的薄膜硅厚度必须均衡，不然就起不到感光体的作用，千分之一毫米的误差便足以导致前功尽弃。在这种情况下，想要批量生产这种产品，难度可想而知。为了攻克技术难关，稻盛和夫一度视察现场。

有一天晚上，稻盛和夫来到研发室，发现研究员不仅没有专心观察产品的响动，反而趴在桌子上呼呼大睡，鼾声如雷。稻盛和夫当机立断，换下了这名研究员，又对团队作了调整，起用了许多做事专注的新人，结果仅仅用了一年时间，非晶硅硒鼓便得以批量生产了。

通过这件事，稻盛和夫意识到，专注才能高效。只有做事专注，才能事半功倍。不过他认为，人的意识是飘忽不定的，把所有的精力集中到某一个事物是有难度的，只有养成良好习惯，有意识地培养专注精神，才能有效避免分心。稻盛和夫本人是一个高度专注的人，不过偶尔也有分心的时候。有段时间，他工作非常繁忙，经常站在走廊里和公司高层交谈。有好几次，对方交代过的事情，他忘得一干二净。在充分吸取教训之后，稻盛和夫立刻取消了在走廊里听取工作报告的方式，以后无论商谈什么事情，都在办公室进行，极大地提升了工作效率。

正所谓："目不能两视而明，耳不能两听而聪。"人的感官和大脑在同一时间处理、加工信息的总量是有限的，超出负荷不仅会让自己疲劳，还会扰乱日常工作、生活。在有限的时间内，集中精力做一件事，符合人体机能的运行规律，也符合成功学黄金法则。在能力、智力各方面条件不分伯仲的情况下，用心专一的人必然比心神不定、躁动不安的人更容易取得事业上的成功，更容易收获美满的人生。

有一种精神叫恪尽职守

各行各业的工作者都有自己的职责：法官的职责在于审案、判案，彰显司法正义；记者的职责在于如实报道社会热点事件，引导社会舆论，促使人们反思；法人的职责在于合法经营，为消费者提供货真价实的产品和优质的服务……各领域劳动者的职责在于做好自己的本职工作，为社会创造价值。作为劳动者，你并不只是为公司服务的，你服务的对象其实是广大民众。比如，在咖啡店上班，每天都要面对无数客户，你服务的终极对象是来来往往的客户，而不是咖啡店。所以，从某种程度上说，工作恪尽职守不仅是对雇主负责，而且是富有社会责任感的表现。

由于眼界的局限、认知的局限，很多人认识不到自己的工作态度和工作方式对他人、对社会产生的影响，总把一切归于劳资范畴，因为对工作待遇、工作环境不满，故意失职，由此造成严重社会后果的事件时有发生。澳大利亚“草莓插针”事件，一度引起轩然大波，人们怀疑最初的作案者是前果品行业雇员。类似的事件在社会各界并不少见。这种不良现象的产生都是心胸狭隘所致。

稻盛和夫在松风工业工作时，也受过委屈，遭受过不公正的对待，但他并没有因此轻慢自己的工作，也没有因为心怀不满故意研发劣质产品，而是选择继续坚守在工作岗位上，认认真真做研发。正是因为有这样的境界，离开松风工业之后，他才成功开创了属于自己的事业，成了新型陶瓷领域的领军人物。

短期内恪尽职守并不难，难的是一辈子都恪尽职守。由于各种各样的原因，有些人可能对目前从事的工作产生失望的情绪，想要消极怠工或者萌生各种破坏性的想法。理智的人会及时调整自己的状态，避免犯下错误；莽撞的人则有可能做出令自己终生懊悔的事情。心境迷茫的时候，不妨学学稻盛和夫的超然态度，像他那样恪尽职守，无论经历荣辱成败，都不动摇本心。

敬业不只是对企业而言的，更是对社会和千千万万用户及消费者而言的。无论从事什么性质的工作，都应该恪尽职守，不能因私人恩怨亵渎自己的工作。每个人都是社会的一员，每个人的行为和工作方式都会对社会产生微妙的影响，作为一个有社会责任感的人，必须尽职尽责，做好本职工作。

成功也是一种考验

对大多数人而言，失败是考验，经不起失败的考验，就会对自己永久性地丧失信心，懊丧地度过一生。而对于事业有成的人来说，人生最大的考验不是失败，而是成功。对此，稻盛和夫指出："有不少获得巨大成功的经营者，他们为成功的美酒所陶醉，陷于傲慢，犯了错，以致晚节不保，辛苦创建的企业走向衰败，这样的事屡见不鲜。"因此，比起困于失败的人，毁于成功的人，更加令人唏嘘。

黎明前漫长的黑暗固然难熬，黎明后的阳光普照却同样危险。砥砺前行的人，都对曙光破晓的那一刻充满期待，却从未想过会不会被强烈灼热的阳光灼伤。由于猝不及防，能通过考验的人并不多。这也许就是屡败屡战的勇者获得短暂成功之后蓦然从云端跌落的重要原因。毫无疑问，成功会使人陷入自恋和狂妄，但不是每个成功者都会被成功所累。一个敬业的人、一个矢志不移的人，即使获得了无数的荣耀和桂冠，也不会停下脚步，而会继续马不停蹄地前进。所以，要想通过成功的考验，必须磨炼心性，让自己变得更加敬业才行。

稻盛和夫说："无论苦难或成功，都是对我们的考验。"苦难的考验，是一把双刃剑，能打击自信，也能激发斗志。而成功的考验则是一个过滤器，将淘汰所有修为不够的人。如果一个人对工作没有最起码的敬畏之心，没有认真负责的态度，只是把工作当成换取金钱、名声和财富的工具，那么当他坐上成功的宝座之后，就会展示出堕落庸俗的一面，早晚要从高处跌落下来。而真正的敬业人士，会因为自身的修为和修养，免于腐化堕落，未来将攀得更高，走得更远。

20世纪70年代，京瓷发展迅速，经营规模不断扩大，利润水涨船高，市场前景被普遍看好。作为风头强劲的高新技术企业，京瓷在业界打出了自己的知名度。于是，有人便劝稻盛和夫上市。为了扩大再生产，稻盛和夫同意了。京瓷上市，对公司全体员工来说是件大事，对稻盛和夫而言也意义非凡，它是稻盛和夫职业生涯中最为重要的一个里程碑，标志着京瓷进入了崭新的发展阶段，代表稻盛和夫从普通的企业主升级为知名企业家。

公司上市当天晚上，稻盛和夫举办了一场庆功会，鼓励管理者再接再厉，争取得更大的胜利，同时提醒大家不要因现有的成就沾沾自喜。股票正式上市时，稻盛和夫想请宫村久治做审计。宫村久治是日本有名的注册会计师，不仅业务能力强，而且品德高尚，非常受人尊敬。面对稻盛和夫的盛情邀请，宫村久治没有贸然答应，决定先考察的一段时间再说。两人见面后，宫村久治开门见山地说，他只愿意为公正的经营者工作。稻盛和夫一听，十分高兴，认为对方是一个有操守的人。宫村久治又说，公司业绩好的时候也许经营者能保持公正，当业绩下滑时也许就不能坚守自己了。在他看来，上市公司的大老板一旦跻身到成功人士俱乐部，便很容易失去公义之心，做出令人所不齿的事情。稻盛和夫再三保证自己一定会正大光明地经营，永远不失公正之心。

宫村久治想了想，又疑惑地问京瓷作为创业公司这么快就成为上市企业，管理体系怕不完善。他坚决要求对京瓷总部、分部的票据、实物和账簿进行彻查，稻盛和夫同意了。宫村久治没有发现任何问题，他这才相信京瓷是一家正当经营的公司，于是接受了稻盛和夫的邀请。经过深入了解，宫村久治发现稻盛和夫和普通的商人不一样，他不像一些商人那样唯利是图，不会被成功所累，日后将走得更长远。两人后成了很好的朋友。

同一件事物对不同的人有不同的意义、不同的价值。譬如成功，它可能是蜜糖，也可能是砒霜。对于经不起考验的人来说，它无疑是有毒的砒霜，不仅毒害人的心灵，还将误人一生。而对于经得起考验的人来说，成功便是甘美的蜜糖，在自我成全、自我成就的同时，造福社会，并被社会认可，这种快乐和甜蜜，任何东西都比不上。

第四章　经营理念：将人文精神和商业哲学注入企业文化

水库式经营：储备资金，以备不时之需

水库式经营法，是稻盛和夫从日本经营之神松下幸之助那里学到的。它并没有什么高深精妙之处，却非常实用。任何一家企业，无论规模大小，采用何种生产模式、经营模式，也无论奉行怎样的管理理念，都离不开水库式经营法，因为它关注的是资金的流通问题。而资金流通关乎企业的盛衰存亡。如果说水是生命之源，那么资金就是企业流通的血液，只有保证了资金供给上的安全，企业才能生存和发展。

要想避免资金链断裂，必须建造“水库”，事先储备足够的资金，这样在企业急需资金周转时，才能顺利渡过难关。至于如何修建“水库”，要因时因地因人而异，不能套用同一个模板。当年松下幸之助没有给出一个固定的模型，稻盛和夫也没有找到放之四海而皆准的方法，但水库式经营的理念却在商界流传开来，被企业家奉为经典。

现在，很多经营者没有风险意识，在扩大再生产时，恨不能动用企业的全部资金，甚至不惜斥资完成大项目，结果在资金周转方面出现问题，严重威胁到了企业生存。有人认为，人有多大胆量，几乎就有多大财富，他们一味地鼓吹高收益高风险的论调，在经营方

面轻率冒进，没有任何准备，面对突发事件时往往不知所措，以致企业倒闭破产。稻盛和夫告诉我们，无论企业处在上升期还是处在下行阶段，都不能忽略资金安全的重要性，否则将蒙受巨大损失，甚至造成无可挽回的后果。

四十多年前，踌躇满志的稻盛和夫特地聆听松下幸之助演讲。那时松下幸之助已经很有名气，不少人慕名而来，只是为了聆听教诲，想要从他的真知灼见中找到经营企业的成功之道。稻盛和夫也是怀着这种心理来听演讲的。他刚刚创业，虽已经小有成就，但仍对如何运营企业感到茫然，迫切需要成功人士的指点。

松下幸之助和听众分享了水库式经营的理念。他说，没有水库，一旦连日大雨，便会引发洪灾；遇上干旱，便面临河水断流的危险。修建水库，储备丰盈的水量，便可消除一切不利影响。企业资金管理也是一样，让企业的金库有盈余，便可轻松抵御财政危机。稻盛和夫和数百名中小企业家听后，觉得很困惑。因为对于规模不大、盈利能力有限的中小企业来说，资金常常不够用，想要实现资金余裕，何其困难，具体该怎么操作呢？

松下幸之助还没讲完，人们便开始窃窃私语。演讲完之后，一位男士忍不住站起来说："你的经营理念是一种理想的模式，在现实生活中很难应用。你不教给我们具体的应用方法，讲了那么多理论上的东西，又有什么实际用处呢？"松下幸之助沉吟了片刻，平静地说："具体的方法我也不知道，但你们必须要有资金盈余的想法。"众人听后无比失望，纷纷扫兴离去，稻盛和夫却顿悟了，他从松下幸之助简单朴素的道理中找到了经营的真谛。

在这个世界上，不存在范本式的经营方法。俗话说得好，“兵无常势，水无常形”。期望生搬硬套某种方法获得成功，本身就是一种不切实际的期待。优秀的经营大师能传授给世人的都是先进的经营理念，而不是一成不变的经营方法。理念是永远不会过时，而方法则会因为种种条件和限制发挥不了它的效用。毫无疑问，水库式经营是应对风险最为正确的一种理念，它虽没有具体的操作方法，但人们可根据自身的情况灵活运用，以便从根本上解决资金问题和财务问题。

支撑京瓷成功的支柱——阿米巴模式

阿米巴经营模式是京瓷的特色，也是京瓷迅速崛起的重要原因之一。阿米巴经营模式，就是把公司划分成若干个独立核算的小型组织，各组织按照自己的需要独立经营，制定灵活的策略，以便以最优方式实现目标。一个部门可分割成多个阿米巴，阿米巴之间分工协作，相互配合，共同实现美好蓝图。

在拉丁语的语境中，阿米巴是一种变形虫，虫子的身体柔软灵活，可随环境的变化调整自身的形状和姿态，向各个方向探出伪足。在阿米巴经营管理模式下的组织，就像变形虫一样，可根据市场形势的变化随机应变，及时作出最有利于自己的反应。京瓷公司凭借这种独创的经营模式，先后四次在全球性经济危机中全身而退，成为长盛不衰的企业，在业界一时传为佳话。

京瓷在急速扩张时期，稻盛和夫陷入了深深的忧虑，他担心自己辛苦创建的企业有一天会因为经营不善，沦为一家平庸的公司。在那段迷惘的岁月中，稻盛和夫花了很多时间思考企业的经营管理问题。他认为京瓷能取得巨大成就，离不开合伙人的支持，那些志同道合的伙伴一度为公司立下了汗马功劳。企业要进一步向前发展，必须增强向心力和凝聚力。因此，他产生了与创业伙伴分享经营权的构想。

有一次，营业部拿到了订单，在场的员工都很高兴，当天晚上大家便齐聚一堂隆重庆祝了一番。虽然没有豪华大餐，没有美酒佳肴，只有乌龙面，员工们却个个喜气扬扬，场面非常热闹。稻盛和夫见状，非常感动。他想此时此刻所有的员工都把自己当成了企业的一分子，才会由衷地为企业拿到订单而激动，如果人人都把自己当成企业的经营者，结果会怎样呢？大家一定会更有干劲，更有归属感。经过深思熟虑以后，稻盛和夫把京瓷分割成了许多独立核算的阿米巴小团体，将领导骨干培养成了中小企业的经营者，并鼓励所有一线员工积极参与经营。为了把阿米巴经营哲学的精髓准确无误地传达给每一位员工，稻盛和夫举办了好几场联谊会。联谊会上，大家畅所欲言，自由参与讨论，气氛非常活跃。有一天晚上大家欢饮畅谈到深夜，散场后众人排成一列在乡间小路上大步前行，个个意气风发，好像整装待发的军队一样。

俗话说“船小好调头”，阿米巴模式的第一个好处在于，在紧急状态下它可见机行事，灵活处理问题。现在市场环境瞬息万变，庞大的公司和组织，由于机构臃肿、业务繁杂、层级过多，做事拖沓、反应迟钝，已经很难适应变幻莫测的新形势了，引入阿米巴模式，有助于革除弊病，给企业注入新活力。

阿米巴模式第二个好处在于，有利于企业培养优秀的经营者。权力下放以后，各个“阿米巴”的负责人，就成了独立组织的经营者，全权负责小团体的盈亏。在这种情境下，他的立场和意识将发生根本性的改变，他会把“阿米巴”当成自己创立的企业经营，创业的激情和主人翁责任感被瞬间激发，不知不觉中，便成了企业主最可信赖的合作伙伴。

阿米巴模式的第三个好处在于，能激起普通员工参与经营的热情，提升劳动的积极性，增强企业的凝聚力。在阿米巴组织里，每个员工都各司其职，且都清楚自己在组织中的作用，存在感较强，所以愿意为组织和企业贡献自己的光和热，为共同的目标努力奋斗。

实践证明，阿米巴模式最大的成功之处在于，它让公司所有的成员都成了头顶光环的主角，使被动打工的劳动者转变了立场和思维方式，自愿以经营者的身份参与企业事务。在中国，很多企业主费尽唇舌劝说员工要有主人翁责任感，把公司分配的工作当成自己的事业来做，效果却不明显，原因便在于，没有赋予员工主人翁的地位，权利和义务不对等。阿米巴模式完美地解决了这一难题，在成就员工的同时，也成就了企业。

多元战略：不把鸡蛋放到一个篮子里

企业要长足发展，单一经营好还是多元经营好？这是一个见仁见智的问题。单一经营可集中人力、物力、财力等优质资源，专攻某一个领域，易于成为资深行家，在业界取得不可撼动的地位。多元经营多元化发展，挑战各种可能性，进军多个领域、多个行业，既能把企业带向新的辉煌，又能有效分散风险。

纵观京瓷的发展轨迹，这家世界500强企业像其他集团企业一样，也经历了从单一经营到多元经营的转变。这是形势使然。京瓷创办多年，专攻精密陶瓷领域，在业界干得风生水起，但稻盛和夫仍然无法完全安心。他认为企业过分依赖单一的技术，过于专注一个行业，若是行业不景气，必然受到极大影响。为了分散经营风险，他开始琢磨开发多元化产品，入驻陌生领域。在改变经营策略之前，他认真分析了多元化经营的利和弊。经过权衡比较，他认为京瓷可依托原有的先进技术进军不同领域，这样既能保留技术优势，又能分散经营风险，可谓一举两得。

稻盛和夫在拓展经营时，实行多元化发展策略，充分利用企业原有的资源和技术，陆续进驻与精密陶瓷密切相关的产业，不仅分散了市场风险，而且把京瓷带向了更广阔的领域，成功拓展了京瓷的生存空间和发展空间。

京瓷步入多元化轨道，第一个进驻的领域是再结晶宝石。稻盛和夫和宝石结缘并非偶然，他虽然自认为不是一个浪漫多情的人，但短期旅居海外时，他非常喜欢光顾珠宝店，常被宝石的质地和光泽吸引。他尤为喜欢绿宝石，为那抹谜一般的墨绿着迷。从化学理论上讲，熠熠闪光的宝石和工业用陶瓷都是同一矿物的结晶，因此掌握了制造陶瓷的高端技术，就有可能制造出质量上乘的人工宝石。优质的绿宝石在市场上很稀缺，价格非常高昂，一般消费者买不起。稻盛和夫因此突发奇想，决定研发再结晶宝石，让宝石从少数人专享的奢侈品变成多数人消费得起的大众化产品。

有了这个奇思妙想后，京瓷立刻投入了研发。起初研发人员培育出的宝石结晶小到不可描述，用显微镜观察之后，稻盛和夫大为失望。过了很长时间，研发室终于出现了砂糖般大小的绿色结晶。后来宝石结晶的体积渐渐增大，但到豆粒般大小时，就不再生长了。稻盛和夫知道后，进入研发室亲自指导，宝石结晶才攻破了技术瓶颈，得以继续生长。

经过多年的努力，再结晶宝石研发成功。它的亮度、色泽、构成成分与天然绿宝石无异，足以以假乱真。在此之前，日本根本就没有人工绿宝石，所以它一经问世，便引发了媒体的关注。稻盛和夫趁机到处拓展销路。他把产品交给好友塚本幸一看，对方啧啧称奇，但不看好它的市场，塚本幸一交往的女性朋友都说，天然宝石价值巨大，人造宝石再逼真，也是假的，不会被女性喜欢。稻盛和夫被泼了一盆冷水，但他没有放弃。不久，倔强的稻盛和夫在日本开了多家直销店，并给宝石取名为“绿色的月牙”。起初顾客并不买账，生意冷清。后来公司在全国各地办展销会和促销会，不遗余力地宣传自己的人造宝石品牌，才渐渐有了口碑，客户越来越多。随着变色宝石、红宝石、蓝宝石的相继问世，稻盛珠宝的产品种类越来越丰富，市场一跃拓展到了美国。

对于规模急速扩张的企业来说，多元经营诱惑力巨大。这种经营方式既能降低市场风险，又能拓展盈利的渠道，为企业赚到更多利润。所以一些发展迅速的企业，陆陆续续地抛弃了单一化的经营模式，竞相踏入了利润丰厚的陌生领域，但有的企业在贪欲的驱使下，没有进行充分的市场考察，就贸然投入短平快的赚钱项目，结果损失惨重。稻盛和夫的事例告诉我们，多元化经营必须谨慎，最好从与产业密切联系的其他产业做起，然后稳步推进，以稳扎稳打的方式赢得胜利。

自我修炼的“六项精进”法则

稻盛和夫的经营哲学核心理念可概括为八个字，即“磨砺心性、拓展经营”，两者相辅相成，缺一不可。领导者磨砺心性、自我精进是拓展经营的前提。作为企业的领航人，只有拥有完善的人格、优秀的品质，才能在经营管理方面卓有成效。同时，在经营实战的过程中，领导者还应不断磨砺自己的品质，不断完善自身，以实现自我精进。

关于自我提升，自我精进，稻盛和夫提出了“六项精进”法则：

◇ 辛勤工作，付出不亚于任何人的努力。

◇ 戒骄戒躁，谦虚做人。

◇ 每天反省，有错就改。

◇ 时刻怀有感恩之心。

◇ 关爱别人，做善事。

◇ 杜绝感性的烦恼，不被负面情绪支配。

乍看起来，六项精进法则并无特别之处，然而平凡的训诫里却包含着大道理，它是稻盛和夫经过了大半生的实践总结出来的。字面上理解六项精进的内容并不难，但要深入把握它的精髓，并把相关理念贯彻到实际工作中，却有一定的难度。

在现实生活中，很多人认为企业能否获得长远发展，取决于企业主的管理水平和经营水平，只要掌握先进的管理方法，深谙行之有效的经营策略，就能把企业带向辉煌。稻盛和夫不这样认为，在他看来，企业家的胸怀和品质决定企业的高度，企业家做人做事的态度决定企业的未来，所以只掌握了经营、管理公司的方法是远远不够的，要想成就一番大业，必须从磨砺心性、自我精进开始。

稻盛和夫是一个非常勤勉的人，他很轻松地做到了六项精进的第一条，付出不亚于任何人的努力。多年来，他潜心钻研新技术，从未松懈过。不过，在事业有成时，他也曾经骄傲过，差点儿在赞美声中迷失。好在他有反省的习惯，每当自己得意忘形，或者产生不好的念头时，就会自我批评、自我纠正。由于在人格塑造方面对自己有很高要求，稻盛和夫没有成为为富不仁、爱财如命的商人，而是成了商界的楷模，凭借品牌质量和个人声誉，把京瓷带上了超速发展的轨道，促使京瓷成了日本乃至全球最富影响力的品牌企业之一。

与一般商人不同的是，稻盛和夫从不夸耀财富，也从不把企业的成功归功于个人。他认为企业能做强做大，合伙人、公司管理者甚至每一位员工都功不可没。他感谢每一个为公司劳心劳力的人，并乐于给予大家合理的回报。他不认为公司的财富完全属于自己，而是觉得这笔巨额财富归社会所有，他只是代为管理而已，所以他经常拿出大笔钱财做慈善，以便为全社会谋福利。

稻盛和夫非常低调，他把做慈善当成感恩社会、回馈社会的方式，不曾有过私心杂念。正因为人们相信他的为人，他创建的品牌、推出的产品才更加受欢迎，京瓷的发展才更加顺风顺水。

在稻盛和夫的经营理念中，企业领导者的品德比才能重要，因为有才无德的领导者不仅不能把企业带上健康发展的轨道，还会自毁品牌、危害社会。所以，作为企业主，必须加强道德修养，不断完善自己的人格，只有这样才能永远立于不败之地。

提升领袖魅力，增强领导力

如何增强领导力，这个问题一直困扰着各行各业的企业主和高层管理者。有人认为领导力来源于个人权威，只要动用手中的权力，令众人产生畏惧心理就可以了；有人认为领导力来源于奖罚机制的效用，对于破坏规矩的人严惩不贷，不罚则已，要罚就罚得对方胆战心惊，如此才能以儆效尤。其实这两种观点都过于偏颇了。以权压人并不能让人心悦诚服，加重处罚则会更快地失去人心。作为企业家、CEO 或部门主管，想要增强领导力，必须先提升自己的领袖魅力。

一个富有领袖魅力的人，即使不刻意强调自己的权威，也具备凛然不可侵犯的特质，无论走到哪里，都有人心甘情愿、死心塌地地追随。巴西总统卢拉、美国总统林肯、我国的贤王尧舜都是这样的人，因富有人格魅力、政策深入人心，总能一呼百应，他们的号召力是那些崇尚权力、迷信个人权威的人所不具备的。

权力是众人赋予的，也能被众人剥夺。正所谓“水能载舟，亦能覆舟”，藐视大众群体，忽略大众群体的力量，早晚会被唾弃，统治必不长久。稻盛和夫深谙这个道理，所以从来不用强权压制任何人，哪怕对待一线员工，他也是和蔼可亲的。在工作上，稻盛和夫虽然严厉，但不刻薄，对待员工非常公平公正。平时既不失领导者风范，又十分体恤下属，始终宽柔兼济，因此颇受员工爱戴。创业数十年，稻盛和夫没有开除过一名员工，也不曾采用极端手段体罚过任何人，但京瓷的每一位员工都对他敬畏有加，都愿意全力配合他工作。这种领导艺术才是卓越领导力的体现，值得所有企业家、管理者借鉴。

京瓷创建初期，接到了科技巨头 IBM 的订单，公司上下为之欢呼。IBM 要求严苛，不允许产品有一丝一毫的瑕疵。可当时的京瓷技术水准并不高，达不到对方制定的标准。员工们历尽千辛万苦做出的样品，全都被 IBM 一口否决。20 万个次品遭到退货，京瓷蒙受了巨额经济损失。公司的全体员工都很沮丧，大家都已经做出了最大努力，却依旧遭遇惨败，一时不知如何是好。最难过、最失落的莫过于技术员，因为他们技术不过关，京瓷才会遭此厄运。虽然京瓷损失巨大，稻盛和夫却没有责怪任何人。

有一天，稻盛和夫到现场视察，看到一名年轻的技术员站在炉前默默哭泣。年轻的技术员尽管十分疲惫，却没有离开工作岗位，依旧在努力想办法。稻盛和夫实在不忍心看着他被内疚和挫败的情绪折磨，于是问他有没有祈祷过，意思是尽人事听天命，如果已经努力到无能为力的地步，理应问心无愧，就不要再强求了。

技术员非常感激稻盛和夫的理解和支持，但是他觉得自己还没有尽到最大努力，坚持要求再尝试一次。稻盛和夫同意了。技术员情绪高涨，经过反复试验，终于做出了高水准、高质量的产品，并顺利交货。如果当初稻盛和夫对技术员破口大骂，或者采取其他惩罚手段，不仅无助于增强领导力，而且不利于问题的解决。危急时刻，稻盛和夫仍然保持着领导者的风度，领袖魅力不减，正是因为如此，员工才愿意和他荣辱与共、同甘共苦，企业这才顺利渡过难关。

评判一个人是否具备领导力，是否拥有领袖魅力，关键要看他是否有修养，是否善于克制自己的情绪；在特殊时期，是否滥用权力发泄不满。有的领导者平时平易近人，一旦遭遇危机，便情绪失控，动辄滥施淫威，结果闹得众叛亲离。所以，要提升领导力，必须加强个人修养，提升个人魅力。

真正的号召力来自率先垂范

古时军队作战，武将经常身先士卒、冲锋陷阵，士兵深受鼓舞，因此拼死力战；国君治理国家，推广德政，经常率先垂范，以便起到上行下效的作用。因此，领导者管理企业，只有率先垂范，以身作则，才能有强大的号召力。

一些领导者认为，只要企业制度健全，奖罚条例完善，作为企业的领头羊，自然就有号召力。还有人认为，每天带领员工喊口号，营造群情激昂的氛围，自己就拥有了强大的号召力。然而事实并非如此。领导者如果不能严于律己，以身作则，公信力和号召力永远都无法建立起来。因为一个人强制要求别人做自己做不到的事情，是荒谬的，无论他的理由多么冠冕堂皇，都无法令人信服。

多年以前，一位印度母亲带着孩子去见圣雄甘地，希望甘地说服孩子不要吃太多糖果。甘地没有对孩子进行说教，只是要求这对母子过一个月后再来，母子再次现身时，甘地劝说孩子以后吃糖要有节制。为何这句话一个月之前甘地不说，偏偏要让母子俩多跑一趟呢？

因为一个月前甘地也沉迷于糖果，自己对甜食上瘾是没有资格对别人说教的。可见，一个人无论获得了多么崇高的地位，都不能苛求别人做连自己办不到的事。对别人有所要求，首先自己要先做到，所谓的“正人先正己”，说的就是这个道理。

现代企业存在很多弊病，大部分都是领导者造成的。有的领导者要求员工辛勤工作、无私奉献，自己却拈轻怕重、自私自利；要求员工提升个人修养，自己却素养不高。稻盛和夫不一样，他对雇员要求很高，但并不苛刻。在实施规章制度之前，自己首先做到。比如，他希望员工全身心地专注于工作，不要把精力浪费在无用的事情上、从业数十年，他一直勤勤恳恳、兢兢业业，几乎没有不良嗜好。再比如，他希望自己器重和提拔的人既有实干精神，又有强健的体魄和极高的修养，自己首先具备了相应的素养和品质。“像哲学家那样深思熟虑，有武士般清廉之心，有小俗吏的才智，有农夫那样强健的体魄”，是他对高效能人士的要求，也是其本人追求的境界，他和他的雇员都在朝着这个目标前进。

稻盛和夫的非凡之处在于，他本身是一个勤奋、高尚的人，能够和员工风雨同舟、荣辱与共，不说套话、空话，只用行动证明自己，事事都能率先垂范。在主持研发工作时，他和所有研发人员、技术员一样，不厌其烦地实验，为了新产品的问世耗尽了心血，不曾把棘手的难题推给别人，自己坐享清闲。产品研发成功以后，他又像公司的营销人员一样，每天东奔西走，积极拓展销路。

稻盛和夫的活动区域既包括繁华的大都市，也包括各大乡村。有一年冬天，他和公司专务青山次政一块儿去拜访客户。两人顶风冒雪来到富士山脚下，鞋子里灌满了雪。稻盛和夫差点儿被冻僵。千辛万苦地抵达了目的地，那家电阻器厂商却冷冷地将他们拒之于门外，声称不需要他们的产品。二人希望见见厂商的技术员，结果被对方一口回绝。最后他们只好无功而返。两人回到候车室抱炉取暖，因为离火炉太近，稻盛和夫的衣服被烧焦了。在那段艰难的日子里，不知吃了多少苦，受了多少责难，他们才接到了新订单，成功开发了新客户。稻盛和夫的工作作风和工作态度，各部门的员工有目共睹，所以每次他宣布要研发新产品、拿下大订单、完成某个宏伟目标时，大家都斗志昂扬，因为员工相信他会带领大家一起奋战、一起攻克难关，任何时候都不会擅离职守。

白纸黑字的规章制度不能带来号召力，画饼充饥的许诺不能带来号召力，铿锵有力的豪言壮语也不能带来号召力。真正的号召力来自率先垂范，一个优秀的领导者应率先做出榜样，然后再提出要求、推广政策，自己首先说到做到，如此才能凝聚人心、号令团队。

关注员工物质、精神的双重幸福

每个企业都有自己的激励机制。有的企业偏重于精神奖励，每天谈理想、谈情怀，却不舍得提升员工的福利待遇；有的企业偏重于物质奖励，工资、奖金优厚，福利制度健全，可是没有先进的企业文化，缺乏人文精神，员工找不到归属感。

第一种类型的企业，人才流失严重，普遍经营失败。该类型企业的企业主笃信零和游戏，不讲双赢，自然没有办法赢得人心。企业主如此短视，是因为摆脱不了资源稀缺的概念。在有些企业主眼里，利润的蛋糕是有限的，分割给员工的分量多了，便意味着个人财富的减少，为了维护自身利益，只好压低人工成本，调低员工的福利待遇标准。殊不知，利润的蛋糕是员工做出来的，它的大小不是固定不变的，员工有干劲才能做出更大的蛋糕，让企业有利可图，不给员工任何利益，蛋糕就会做得很小，企业的收益也会因此减少。

第二种类型的企业，发展前景远远强于第一种，但不能晋升到更高的层次上。因为员工既有物质需求，也有精神需求。在充分满足员工物质需求的基础上，还要想方设法满足员工精神层次的需求。如果不能给员工一个自我实现的平台，不能激发他们的荣誉感、自豪感，不能让大家认同企业文化，对企业产生归属感，那么将极大地影响企业未来的发展。

京瓷能发展成享誉全球的世界级企业，根本原因在于，稻盛和夫深切关注员工物质和精神方面的双重幸福。即使在企业困难时期，也没有扣发过员工的薪水。企业实现了盈利，稻盛和夫会大方地与全体员工分享劳动成果。除此之外，京瓷还非常关心员工的心理感受和幸福指数，领导者不曾给员工施加难以承受的精神压力，员工表现良好，公司便带领大家集体出游，让所有人享受观光旅行的乐趣，放松身心。更为难得的是，稻盛和夫认为，企业有义务保障员工及其家属的生活，因此，耗费了不少心力为员工解除后顾之忧。所以无论从哪个角度看，在京瓷工作都是一种福分、一种荣耀，京瓷全体员工愿意为公司的美好未来而奋斗，也就不足为奇了。可见，企业真心关爱员工，就是最好的激励，除此之外，都是空谈。

京瓷成立第三年，有11名员工以辞职、罢工相威胁要求集体加薪。当时企业盈利能力有限，很难马上满足他们的要求。事发时，稻盛和夫十分震惊，他没想到昔日和自己盟誓的得力助手，会相约提出涨薪的请求。他虽然有些难过，但马上理解了员工的处境。毕竟创业之前，他也有过一段打工、辞职的经历。

稻盛和夫和11名员工谈判了三天。长谈过后，他心情格外沉重，他没想到京瓷这家刚刚起步的小企业，居然要承载员工们一生的期盼。他自己没日没夜地工作，尚且照料不好自己的家人，却被要求照顾所有员工的生活，压力可想而知。思考了几个星期，他终于想明白了，他觉得企业的盈利和发展不应该建立在牺牲员工利益的基础上，企业有责任保障员工的基本权益，有义务为员工谋幸福。经营理念改变以后，京瓷不仅在物质方面厚待员工，而且还时时给予员工精神方面的鼓励和支持，真正做到了为员工谋福利。

有些企业主希望员工把个人目标和企业目标统一在一起，要求所有人为了实现企业目标拼尽全力，但却从未真心关注过员工的生活和需求。故而，人心涣散，员工各行其是，消极怠工，对企业宏伟目标的达成漠不关心。事实证明，只有付出真心，才能换来真心；只有全心全意为员工着想，才能换来员工死心塌地的效力。以往那种不给员工福利却期望通过空谈梦想诱使员工甘效犬马之劳的策略已经过时了，不改变经营理念，企业的发展就会处处受局限。

结成命运共同体，合作共赢

员工之于企业，是个体与集体的关系，只有充分尊重个体价值的企业团体，才能获得长远的发展。片面强调集体的意志和利益，不考虑个体的正当需求，必然不得人心。有的企业主认为员工的立场和企业的立场是对立的，要想实现企业利益最大化，必须以损害员工的根本利益为代价。正是因为信奉这种经营理念，许多中小企业无法发展壮大。当今社会，驰名全球的大企业，业绩蒸蒸日上，根本原因就在于经营理念先进，企业主克服了人性中贪婪自私的弱点，与全体员工结成了命运共同体，达成了合作共赢的关系。这种战略高度和思想境界，是目光短浅、心胸狭隘的中小企业主达不到的。所以，在激烈的市场竞争中，大企业往往所向披靡，而中小企业则往往步履维艰。

古人说，得人心者得天下。在当今市场环境中，这句依然实用。一个企业的凝聚力、向心力，直接决定企业的兴衰成败。优质的企业，员工愿意戮力同心、众志成城地朝一个目标奋斗；较差的企业，员工就像一盘散沙，各怀心思，离心离德，团队分崩离析、名存实亡。那么究竟是什么决定人心的聚散呢？是企业的经营理念。企业如果没有共同利益、共同目标的概念，将直接导致员工与之分道扬镳。

稻盛和夫在创业初期，便已经看清了形势，公司发展的每一个阶段，他都在尽心竭力地为员工作长远打算，始终将每一位员工的命运与企业的命运紧紧联系在一起。他依实际行动赢得了员工的信任，所以公司所有员工都乐于为京瓷贡献自己的一切。这便是京瓷在高新技术领域强势崛起的秘密所在。

稻盛和夫刚刚创办京瓷时，有许多血气方刚的年轻人加盟，还有好几个资金雄厚的投资者鼎力支持。大家都在为新生的公司积极奔走，加盟者提出假如公司开办不下去，仍然会继续支持稻盛和夫搞技术研发。稻盛和夫表示如果没把公司经营好，自己会引咎辞职，绝不拖累大家。于是，双方相约从此要同甘苦共命运，团结一心，为共同的事业而奋斗。

28 名员工齐聚一堂庆祝京瓷的成立。稻盛和夫在小型宴会上致辞，描绘了未来的蓝图和前景，并为公司设立了宏伟的目标。在晨会上，他慷慨陈词，鼓励员工说："今天倾尽全力了，才能看到明天；明天全力以赴了，才能看到一周；这个月竭尽所能地拼搏，才能看到下个月；今年勤勤恳恳工作，才有明年；时时刻刻努力，才有未来。"员工听罢，欣然赞同。几乎每个人都明白，公司的未来就是个人的未来，只有和公司共同成长，与公司同甘苦共患难，个人的利益才能得到保障，个人的梦想才能实现。正是因为达成了这样的共识，京瓷在成立的头一年，便实现了盈利，净利润达到了 300 万日元。

后来因为受到经济环境的影响，京瓷的利润急速下滑，但最为艰难的时期，企业仍然没有减薪裁员。员工们对企业非常感激，个个拼尽全力为企业工作，日后帮助京瓷渡过了无数的危机。在大家的共同努力下，京瓷多次战胜金融风暴，成了业界屹立不倒的神话。

如果员工和企业能够同呼吸共命运，结成铁板般牢固的关系，那么企业很有可能成为业界最具潜力的黑马。反之，倘若企业只想与员工争利，不把员工当成企业的细胞，那么双方永远无法达成共识，永远不能建立起和谐共生的关系，一切美好的愿望都将在内耗中被无情抹杀。企业与个人是一荣俱荣一损俱损的关系，只有明白这个道理，双方才能携手走向更美好的明天。

实地考察强于纸上谈兵

在传统观念中，脑力劳动和体力劳动是全然分开的。企业主、管理者无须亲临现场了解情况，更不需要对基层工作亲力亲为，只要坐在办公室里听取报告，然后时不时在会议上传达自己的命令就可以了。然而事实并不是这样。拒绝实地考察的领导者，不可能全面了解企业的运营情况，在这种情况下发号施令，与古代纸上谈兵的赵括毫无区别，不仅制定不了英明的政策，还有可能把企业带上歧途。

稻盛和夫向来认为"体验重于知识"，虽然他是工科出身，专业知识扎实，资历深厚，完全可以凭借自身的知识和经验做出判断，但他从未那样做，一有机会就亲赴现场，有时还手把手指导基层员工和技术人员工作。在他看来，只有现场得来的经验才是最可靠的，理论知识和过往的经验，无法跟得上时代的脚步，作为企业的经营者，必须适时到现场考察，及时更新自己的认知，才能做到与时俱进，才能把企业带向新的高地。

不少企业家总是在和数据、报表打交道，对部门的运营状况一无所知，以致企业出现严重问题时，迟迟不能采取有效的行动。针对这种情况，国外拍摄了一档名为《卧底老板》的节目，多名企业家乔装成普通员工，到自己的公司卧底，在实际工作中发现了许多疏漏，这些信息和体验，都是他们在舒适的办公室里得不到的。经过耐心细致的考察，卧底老板对自己的公司有了全新的认识，于是迅速革除弊病，进行了一系列大刀阔斧的改革，并迅速改善了基层员工的待遇，把企业带上了正轨。

稻盛和夫不曾在自己的企业卧底，但他对各部门的状况了若指掌，对新型陶瓷的技术问题、营销问题，以及研发、销售阶段每一个环节遇到的难题，都非常清楚。因为但凡公司事务，他都曾经进入现场参与，由于他得到的是可靠的一手资料，所总结的经验教训一般不会出现偏差，总能以真知灼见引导企业发展。

年轻时，稻盛和夫曾经参加过一个别开生面的研讨会。研讨会的会场设在一家温泉旅馆，环境清幽高雅，吸引了不少踌躇满志的创业者前往。参会的费用多达数万日元，花费不菲，但这仍然没有消减年轻创业者的热情。稻盛和夫很想见见商界名人本田宗一郎，渴望从对方那里求得真经。

当日，稻盛和夫和其他参会者如约来到温泉旅馆，一番沐浴更衣之后，人们聚集在房间内，毕恭毕敬地等待本田宗一郎到来。本田宗一郎很守时，没让大家久等，风尘仆仆地从滨江工厂赶来。他没来得及换衣服，身上穿着普通的工作服，上面沾满了油渍。众人见状，大吃一惊。他不等大家问询，便直通通地开口道："诸位，你们来这里究竟是为了什么？是来聆听企业经营理念的？有这时间，为什么不赶快回公司干点儿实事呢？泡温泉、吃喝闲谈，能学到什么有用的东西？我没向任何了不起的大人物讨教过经营的方法，照样能成功经营企业。所以，诸位，不要浪费时间了，赶快回去工作吧。"

众人面面相觑，随即陷入沉思，似有所悟。最后，本田宗一郎又把大家教训了一顿："自己不从实际工作中领悟经营之道，却愿意花数万日元的冤枉钱参加研讨会，实在让人不能理解。”众人默然无语，瞬间对本田宗一郎佩服得五体投地。稻盛和夫兴冲冲地回到了公司，高高兴兴地投身到了实践工作中。

稻盛和夫认为，不到现场考察，就永远学不到真正的经营之道。所以，他把现场当作了最佳学习场所。他不相信任何一个企业家脱离现场，能做到“运筹于帷幄之中，决胜于千里之外”，而是笃信在现场学到的东西，永远比冰冷的数字、报表可靠。这种经营理念促成了京瓷的成功。

用春风化雨的方式感染每一个人

仔细观察你会发现，优秀的企业家大多是和颜悦色的，而无能的企业主大多刻薄寡恩。这是综合素养的差异造成的，也跟经营理念不同有很大关系。在前者眼里，人才是自己的左右臂膀，员工是自己的合作伙伴，善待别人，彼此信赖，才是正道；在后者眼里，人才是公司的资产和资源，员工是谋利的工具，若不能充分为自己所用，便一文不值。所以前者喜欢用春风化雨的方式感染人，知道如何将企业文化潜移默化地渗透到每一个员工的潜意识，知道如何带领团队走向美好的明天；后者喜欢居高临下地命令人、训斥人，惯于用简单粗暴的方式推行某些不得人心的主张，沦为孤家寡人而不自知，遇事处处受阻。

客观来说，稻盛和夫属于第一类企业家。他在管理上很严格，要求每位员工各尽其职，不能敷衍塞责。他不会无底线地妥协、迁就、忍让，但他的严格恰到好处。平时，他非常注意和员工沟通，乐于倾听员工的心声，善于换位思考，能够容人之失、容人之过，不曾疾言厉色、盛气凌人。员工从内心深处认同他、佩服他，愿意遵守规章制度，愿意和他并肩作战，所以团队的目标总能轻松达成。

员工为什么如此敬佩稻盛和夫呢？因为他是一个刚柔兼济又极富亲和力的人，善于运用春风化雨、润物细无声的方式感染员工，无形中施加了影响力。稻盛和夫从不把员工当作招之即来挥之即去的工具，也从不相信所谓的驭人之术，他诚心诚意、设身处地地为员工着想，员工自然愿意倾心竭力地回报，双方的默契就是这样达成的。

> 京瓷在进军人造宝石领域时，遭遇了不少波折。起初宝石结晶小得可怜，过了很长时间，研究工作一点儿进展都没有。研究人员每次把稍大一点的结晶捧给稻盛和夫过目时，都非常忐忑，生怕对方叫停这个项目。稻盛和夫知道人工再造宝石难度很大，所以没有催促，一切顺其自然。研发人员很是愧疚，下决心无论如何都要把项目做成。稻盛和夫为了减轻他们的心理压力，经常用半开玩笑的口吻和对方交谈。有时还会鼓励说："你们要相信自己的能力是不断进步的，也许有一天，你们能取得史无前例的研究成果。"最后研发人员在他的指导下，顺利完成了项目。
>
> 稻盛和夫的可贵之处在于，他始终如一，在任何时期都能平易待人。20 世纪 70 年代，公司的员工圆满地完成了销售任务，稻盛和夫遵守承诺，带着 1300 名员工包机到香港旅游。很多基层员工都是勤劳朴实的乡下人，一辈子没有出过国，坐在飞机上格外兴奋。一行人入住香港酒店之后，稻

盛和夫特地举办了盛大的晚宴，大家举杯相庆，品尝海鲜料理，度过了两个小时的愉快时光。

到了晚上，有一位中年女性忽然跑出房间求助。稻盛和夫认出是自己员工，连忙上前询问。女员工不好意思地问："浴盆的热水怎么打不开啊？"稻盛和夫耐心地教她使用热水器的方法。女员工这才发现眼前指导自己的人不是别人，正是京瓷的老板。她既惊讶又感动，不知说什么好。在稻盛和夫眼里，普通员工和企业的管理者，都是平等的，没有尊卑之分，所以在旅游期间，他愿意为所有员工提供贴心的帮助。正是因为如此，员工才觉得他可亲可敬，所以在工作中乐于听从他的指挥。

在同一个公司里，虽然有职位和上下级之分，但无论职位高低，所有人在人格上都是平等的。作为企业家，应采用春风化雨的方式感染人，使用宽严相济的策略管理企业，这样企业才能长久。

第五章　走出逆境：把困厄转化成势能

没有退路，反而会有更好的出路

有的人喜欢从绝望中寻找希望，在黑暗中拥抱星光；而有的人沐浴曙光时却深感无望，身处光明内心却没有一点光彩。这是心境使然。世上没有真正意义上的绝境，所谓的走投无路都是人幻想出来的。有时候，没有退路，反而会有更好的出路。水从悬崖跌落，飞流直下，气势浩然，化为飞瀑；苍松没有沃土可倚，倒挂于陡峭的山岩，反而长成了飞翔的姿态；小草没有长在舒缓的平地，而是立于危险的山巅，反而获得了更高的视野。人亦如此，失去退路，就不能坐守平庸，迫于生存的压力，反而能开辟出新的出路。

被命运逼到退无可退之时，往往意味着人生将迎来转折，只要通过考验，就能活出属于自己的精彩。在稻盛和夫看来，事业失败、公司破产，或者经历其他不幸，都不可怕，只要不被痛苦打败，就能冲出逆境，渡过难关，成为最后的胜利者。

稻盛和夫非常相信意识和意念的作用，在他的观念里，“求生的强烈欲望和意念”将逼迫个体寻找到自救的方法，甚至促成进化。他认为生物向适应环境的方向进化，是因为长期在夹缝中生存，被逼到无路可走的境地，不得已而为之，这才进入更高阶段。比如，长颈鹿进化出了长脖子，大象进化出了长鼻子，昆虫有了拟态功能，都是因为这些动物求生意志强烈，意识长年作用于肉体，渐渐改变了肉体的形态。如果短脖子的长颈鹿也能吃到鲜嫩的树叶，短鼻子的大象在喝水、进食方面不受限制，昆虫没有保护色也能活得很好，那么进化便无从谈起。

失去退路，生物会朝更好的方向进化。没有压力，路路畅通，生物将停止进化，生命体征将停留在原始、低级的阶段。人也一样。如果前方的道路四通八达，处处都是坦途，踏上任何一条道路都能到达目的地，那么就会变得低能。轻而易举的成功是没有价值的，只有千辛万苦追求到的东西才更可靠。当你的人生进入了至暗时刻，你咬牙挺过来了，并披荆斩棘开拓出了一条道路，以后就没有什么力量能阻挡你前进了，你的未来必然一片光明。

稻盛和夫一生当中，经历过许多困厄，但他几乎未让绝望的情绪占据心头。年少时，他像其他年轻人那样血气方刚、一心想要做大事，然而现实却给了他重重一击。作为寒门子弟，他既没有家世背景，又没有资源，前途一片黯淡，连一份正式工作都难找到，更别提实现个人理想了。临近毕业，他发现日本国内的就业形势十分严峻，应届毕业生很有可能面临毕业即失业的处境。

虽然学习成绩优异，但就业前景不好，稻盛和夫只得打消了进入大公司发展的念头，便想到普通的石化公司谋一个职位。可是这个再寻常不过的愿望，也变成了奢望。他接连参加了好几场招聘考试，尽管成绩不错，却仍不被录用。生平第一次，他感受到了社会的不公。他这才意识到，像他这样一无所有的年轻人是没有出路的，自己横冲直撞也打不开缺口，再想不出办法，恐怕连生存都是问题。家里还有五个弟妹等着他供养，自己的食宿尚没有着落，在毫无选择的情况下，他被迫进入了松风工业，并改变了专业，接触到了无机化学领域，从此和精密陶瓷结缘，而这居然成了他事业的起点。

人处在进可攻退可守的境地，往往会无所成。因为尚未全速前进，便为自己找好了退路，决心不够坚定，难以一鼓作气。而没了退路，便意味着没有了其他选择，只能义无反顾地向前冲，不能回头，必须逢山开路，遇河架桥，无论前方是泥沼还是荒漠，是崇山峻岭还是汪洋大海，都不能退缩。没有路就得自己铺路，没有方向就得摸索着前进，如此一来，便能开拓出坚实的道路。可见，出路不是天生就有的，而是自己开拓出来的，所以没了退路，才能开拓出更好的出路。

寻找逆势生长的力量

逆境既可以成全人，也可以毁灭人，关键要看人能不能消化苦难，把困厄转化成势能。稻盛和夫说："波澜万丈的人生，既有好的时候，也有坏的时候，我把这些都看作是造物主给予的试炼。换言之，适逢幸运也好，遭遇灾难也好，都是试炼。由于应对试炼的态度不同，我们的人生也会随之发生极大的变化。"有的人在试练中倒下，而有的人在试炼中昂然奋起，对待逆境的态度不同，人生就会大不一样。

逆势生长需要勇气，更需要信念，它靠的不是无知无畏的蛮力，而是警醒的力量和源自内在生命的驱动力。一个人只有从内心深处相信逆境的价值，相信自己改变命运的能力，才能激流勇进，做出一番了不起的成就。稻盛和夫深信“从未经历苦难的人，不可能成就伟大的事业”，出身名门的天之骄子，遇到困难很容易自暴自弃。所以身陷逆境时，他从未嫉妒羡慕那些衣食无忧的富家子弟，反倒对松下幸之助这类从小吃尽苦头的企业家赞赏有加。因为在他看来，逆袭成功的杰出人物都是被逆境成全的。

从逆境中汲取能量，是强大自我的手段。只要不被逆境吞噬，就能源源不断地从逆境磁场中获取宝贵的营养。它能赋予人百折不挠的气概和打不垮的信心，赋予人自强不息的精神和迎难而上的锐气，使人在自我修炼过程中，变得更优秀。所以从某种意义上说，逆境并不是灾难，而是一笔财富。世人都说逆境出人才，稻盛和夫也这样认为，他坚持说，是日本凛冽的气候，让樱花更加烂漫。天气愈冷，花开更艳。人亦然，不经磨砺，便很难成才；不接受逆境道场的试炼，就不可能有一番傲人的功业。

面对逆境，稻盛和夫并不是一开始就有超然的态度的，他也曾苦闷彷徨过。年轻时他常感叹时运不济、命运不公，觉得自己倒霉到了极点，无比沮丧。有时候他认为命运似乎有意为难他、捉弄他。在年轻人当中，他既能文又能武，做什么事都最努力、最用功，可是发展得偏偏是最差的，同事都如愿跳槽到了心仪的企业上班，他却不得不待在即将倒闭的公司消磨时日。

稻盛和夫早年是很艰辛的。他生于乡下，长于乡下，没有获得优质的教育资源，所以没能考上名牌大学，由于家境困难，好几次差点儿辍学。他毕业时，日本经济正处于萧条时期，像他这样的寒门子弟想找到理想的工作几乎是不可能的。由于长期忍受精神上的压力和痛苦，他性情大变，差点儿混迹街头。关键时刻，他把持住了自己，把苦难化成了前进的动力。在经历了几番大起大落之后，他找到了自己的信仰，将全部的精力都投入了实验室，最后终于把苦果酿成了美酒，拥有了自己的事业。

天性上，每个人都喜欢顺境，排斥逆境。人们都希望自己想要的东西能唾手可得，不愿意承受挫折、打击和失望。可是在现实生活中，鸿运当头的人，也有跌入低谷的时候。因为世事无常，所以对大多数人而言，逆境是在劫难逃的，与其咒骂它、排斥它，还不如坦然面对，学会化不利为有利，化痛苦为力量，学会在逆境中倔强成长。别把自己想象得过于孱弱，不去迎战困难，你永远不知道自己有多勇敢，尝试着去挑战逆境，尝试着从泥淖中奋然爬起，在旅途中留下强者的风姿，也许下一秒，你就成了一道亮丽的风景线。

穷途末路之后，必有柳暗花明

峰回路转，山重水复，眨眼便柳暗花明。行至水穷处，往往别有洞天。有时候不把自己逼到穷途，根本不知道自己有多优秀，也不知道人生有多少种可能。事实上，人的能力在极端条件下更容易激发出来。譬如一个饥渴难耐的人，为了生存，能徒步走出沙漠；一个被野兽追逐的人，能跑出运动员的最佳成绩；一个精疲力竭的人，在逃难流亡的过程中，能马不停蹄地前进，甚至跨越高山大河，漂泊到遥远的国度。而这些人，如果生活在优越舒适的环境中，很可能永远都达不到生命的极限，永远都不清楚自己的潜力究竟有多大。

大多数情况下，人们都喜欢拓展道路、拓宽空间，以便让自己活得更舒服、更滋润。稻盛和夫却反其道而行之，喜欢把自己逼入死胡同，有时候甚至故意将自己逼得穷途末路，目的在于，在逆境中锻炼自己，让压力倒逼自己成长。

起初，京瓷只是一家名不见经传的小企业，在业界毫无竞争力。客户都喜欢和有口碑、可信赖的老牌厂家合作。京瓷备受冷落。稻盛和夫只能接别人不愿接的订单。客户不仅提出很多条件，还要求京瓷生产未知的产品。京瓷没有任何经验可以借鉴，也没有相关的技术作依托，几乎没有什么胜算，但是仍然接下了高端企业都不敢染指的订单。有一年，三菱公司想要生产专门应用于发射管的陶瓷冷却管，由于产品结构复杂，技术要求太高，没有一家工厂敢承接这个项目，关键时刻，京瓷出手了。

稻盛和夫亲自出马研发产品，费了九牛二虎之力才解决了产品尺寸、规格问题。随后自创方法烘干，解决了裂缝问题，圆满地完成了任务。最初大家都认为根本完不成订单，但在稻盛和夫的鼓舞下，大家齐心协力，埋头钻研，最终攻克技术难关，按照约定的日期交付了货物。此后，每每发现大的机遇，稻盛和夫都会主动迎接，即便公司没有条件生产出符合客户要求的尖端产品，他仍然底气十足地保证，任何产品京瓷都能做，从未说过“不行”两个字。由于受到各种因素制约，公司也生产过不少残次品，但稻盛和夫不气馁，只要拿下了订单，就一干到底，不生产出合格的产品决不罢休。经过一次次挑战，京瓷生产出的产品技术越来越高，终于蜕变成了极富竞争力的高端企业。

选择少有人走的路，能避开千军万马的竞争，以更快捷的方式抵达目的地。走没有人走的路，或是踏入穷途，则能逼迫自己闯出新的天地。曾几何时，只有鸟类会飞，后来被猎人逼到悬崖的羚羊，也学会了飞渡。人在步入穷途时，也能一跃而起，展示出强大的爆发力。有时候主动走进逆境，狠狠逼自己一把，就能实现生命的飞跃。所以，别让自己活得太安逸，安逸会让自己沉湎于舒适的安乐窝中，而逆境却能让人奋起。勇敢面对逆境，勇敢挑战极限，你未来的人生将超出自己的想象。

困难和挫折也是一种恩赐

孟子说："天将降大任于斯人也，必先苦其心志，劳其筋骨，饿其体肤，空乏其身，行拂乱其所为，所以动心忍性，曾益其所不能。"所以稻盛和夫说，饱经忧患的人，人格器量越发宏大，更容易创造伟业。他认为，困难和挫折对人们来说，也是一种恩赐。年少时历经艰难困苦，日后往往更容易取得硕果。可惜现代人看不到困苦的价值，总是竭力逃避困难。现在社会上有许多人都希望过得轻松顺畅，自己不愿吃苦，也不想让后代吃苦，为人父母以后，无节制地溺爱孩子，总是大包大揽安排好一切，费尽心思为后代铺路，剥夺了后代自我磨炼、自我精进的机会，导致后代迷失，不仅没能成才，而且变得自私、霸道、冷酷、无情，很多的少年犯便是这样出现的。稻盛和夫认为，日本有的年轻人不成器，早早走上犯罪道路，根本原因就在于父辈不理解苦难的积极意义，剥夺了后代成长的机会，以致耽误了子女的一生。

困难和挫折虽有消极影响，但也有积极意义。如果把它们从人生过程中消除，那么人生将变得苍白单薄，失去深度和厚度。人常说“不经历风雨，怎能见到彩虹”，不经历漫长的黑暗，就不知光明的可贵；不经历严寒的肃杀，就不知春意萌动的美好；不经历挫折和困难，就不能明白人生的意义。负面的经历虽然令人痛苦，但痛苦的尘埃里能开出绝美的花朵。历尽沧桑之后，才知道什么叫珍惜；饱经世事之后，才知道什么叫勇敢。如果说天才是被基因成全，那么逆境中走出的精英就是被挫折造就的。挫折是可以塑造人、成全人的。无论时代怎么变迁，它都是一条普遍适用的法则和真理。

稻盛和夫生活的时代，很多日本家庭都处于贫困的状态。由于父母收入微薄，小孩子早早担起了家庭重任，很小便开始帮助父母干活儿。由于懂事早、立事早，这些孩子长大后普遍能吃苦，且有责任感。虽然没有过好日子，内心却对美好的事物充满向往，因为心向阳光，所以不曾染上不良习气。

稻盛和夫是千千万万贫民子弟中的一员。他像绝大多数贫民子弟一样吃苦耐劳，具备隐忍、乐观、坚强等美好品质，情商和逆商都很高。长大之后，他的生存环境尤其严酷，必须辛勤劳动，才能求得温饱。他不能随心所欲地选择自己喜欢的工作，总是身不由己：要么继承父母的职业，在乡下卖纸袋；要么立刻找一份糊口的工作，以后再谋发展。先就业再择业在当时是一种无可奈何的选择。想要辞职，另谋高就并不是那么容易的事，这样不仅很难得到家人谅解，还要承受社会舆论的压力。稻盛和夫的处境，在今天看来似乎很不幸。如果他生在当代，就不用经受那么多挫折，可能活得非常惬意悠然，但是几乎不可能取得现在这样的成就。因为没被挫折磨炼过的人，很难攀上险峰，更难有机会以一览众山小的姿态俯瞰天下。

雄鹰高飞万里，是因为经受过残酷的断崖式训练；寒梅香远益清，是因为耐得住风霜雨雪的欺压。世间万物，物竞荣杀，越是在残酷的环境中历练过，越是能绽放生命的华彩。有人说，绚烂后的平淡最耐人寻味。事实上，历经残酷搏杀，厚积薄发，才更加令人赞叹。波澜不惊的人生索然无味，历尽沧桑与劫难，才知人间真味，才能笑傲风雨，活出全新的姿态。

人有时候需要蚍蜉撼树的悲壮和勇气

蚍蜉撼树是一种自不量力的行为，常令人哑然失笑。人们认为只有大象那样的庞然大物，才有能力撼动大树，像蚍蜉那种弱小得可怜的生物，连一棵小草都无法撼动，还敢尝试摇动大树，实在荒唐可笑。也就是说，所有的壮举都是强者成就的，弱者最好有自知之明，不要怀有不切实际的梦想，免得贻笑大方。可是换一种角度来看，蚍蜉撼树何尝不是一种悲壮之举？在形势不利于自己的情况下，仍然愿意接受挑战，这般勇气难道不值得敬佩吗？

在功成名就之前，很多的伟人、名人也像蚍蜉一样渺小，但是他们从不自怜自伤，总能拿出十二分的勇气迎战困难，继而在极限挑战中一点点壮大自己，直至慢慢走向成功。稻盛和夫创业时，他没有任何筹码可以依傍，只能赤手空拳打天下。在与巨头企业合作竞争时，他毫不示弱，不曾因为自己力量不足退缩动摇过。在开拓市场时，面对否定和质疑，他从未表现出软弱心虚的样子，所以即便没有任何资本，也从未被小看和藐视过。正是因为拥有蚍蜉撼树的悲壮和勇气，稻盛和夫在籍籍无名时，便赢得了他人的信赖和尊重，并把京瓷一步步做强做大。

1962年，稻盛和夫独自前往美国开拓市场。当年他只是一个无名小卒，京瓷也只是一家刚起步不久的小企业，生产的产品在日本尚未打开市场，然而在这样的情况下，他却把目光投向了大洋彼岸的美国。他觉得只要在美国打响了知名度，京瓷的产品就能获得日本人的认可。所以美国之行，对京瓷未来的发展意义重大。

初到美国，稻盛和夫连英语都不会讲。由于日常交流受到影响，连外出就餐都成了问题。每日拜访纽约商社事务所成了他的例行公事。商社的工作人员被他的诚意打动，带着他到处拜访客户。客户对样品很满意，可每次进入谈判阶段，便改了主意，瞬间失去了合作的诚意。稻盛和夫硬着头皮推销了一个月，结果一无所获，眼看要无功而返。回国前夕，商社为他举办了告别酒会。稻盛和夫感慨万千，席间慷慨悲歌，唱起了日本最流行的歌曲——《王将》。听众都很感动。虽然即将败兴而归，稻盛和夫却不甘心，心中暗暗发誓，将来一定要做出令人刮目相看的成就来。

为了活跃气氛，美国女办事员开始主动和稻盛和夫闲聊，问他擅长什么体育项目。稻盛和夫说自己练过空手道。

对方十分兴奋，要求稻盛和夫现场表演给大家看。稻盛和夫没有推辞，于是将15块塑料板放在一起，一个狠劈下去，一摞塑料板应声而碎，整整齐齐地断成两截。由于用力过猛，稻盛和夫的手指流出血来。观众们大开眼界，谁也没有想到看起来文文弱弱的稻盛和夫居然那般勇猛。

事实上，稻盛和夫并不是一个大力士，力量、爆发力与专业空手道选手相比不可同日而语，但他有以卵击石、蚍蜉撼树的勇气，所以才一击劈断了15块塑料板，做到了不可能做到的事。凭借着这种精神，他很快卷土重来，后来终于成功进驻美国市场，把业务拓展到了海外。

在这个世界上，与生俱来的强大是不存在的。身躯庞大、力大无穷的大象小时候也很弱小，被奉为强者的伟人、名人也有弱小无助的时候。所以，不能认为自己暂时弱小，就妄自菲薄，不敢挑战命运。即使没有撼动大树的力气，也要有蚍蜉撼树的志向。不要妄想着等到自己强大了，再去发起挑战，因为弱小时拒绝锻炼臂力，很有可能一直孱弱下去，永远走不出逆境。

所以，弱小并不可怕，可怕的是不肯变强，不敢挑战自己，身处逆境不可怕，可怕的是安于现状，不敢突破命运的枷锁。若是有了蚍蜉撼树的果敢决绝，则万事可成。

严酷的环境最能锻炼人

环境塑造万物。严酷的环境，最容易产生精品。顽石经过千锤万凿才能成为稀世璞玉；生铁经过高温锻造、冷水淬浇，承受冰火两重天的考验，才能成为好钢。人亦然。只有经历严酷环境的雕琢，才能成为优胜者。

稻盛和夫是严酷环境中催生出来的企业家。京瓷也是在严酷环境中成长起来的。京瓷创办初期，没有任何话语权，只能被动接受合作方提出的种种严苛条件。在环境的威逼下，京瓷突破了重重难关，研发能力和技术水平不断提高，实力不断增强，最后成了领先世界的品牌企业。如果是在顺境中缓步发展，京瓷恐怕不会取得这样的成就。

严酷的环境最能锻炼人。它给你施加的压力越大，越有利于你逆势成长。这就好比肌肉受到的压迫越重，就越有韧性和爆发力，在持久的压迫中，将凝聚巨大的力量。如果你的成长环境恶劣，使你处处受到掣肘，不要自怨自艾，而要坦然接受考验，拿出十倍于别人的努力去拼搏。等到你冲出逆境的一刻，你的力量便强于别人十倍，到时即使形势再不利，你也能在竞争中遥遥领先。

在严酷环境中成长的生命是没有懦弱的权利的。沙漠中的野草，把叶片缩到了最小，以减少蒸腾作用，并发展出了庞大的根系，它的生命力比温室中的花花草草要强上百倍。人何尝不是这样呢？如果身处最严酷的环境，也能对各种情况应付自如，那么假以时日，必能百战不殆。

京瓷最先接触的客户是松下电器。松下是日本享有盛誉的大公司，京瓷非常珍惜双方的合作机会。每每接到订单，都对对方充满感激。可是由于在合作过程中，松下始终处于强势地位，致使京瓷的处境越来越不利。松下提出的条件越来越苛刻，对产品质量要求越来越高，却不允许延期交货，也就是说要求京瓷在短时间内交付高质量的尖端产品，这对京瓷来说是一个不小的挑战。

最令稻盛和夫头疼的是，松下极力压低产品的价格。这样一来，产品造价上涨，售价降低，利润空间进一步缩小，如果不能解决这个问题，企业将被逼到破产。松下对供应厂商的要求实在令人难以接受，许多零部件供应商都感到愤恨难平，认为松下设定的条件无异于霸王条款，全无合作诚意。面对压力，稻盛和夫也和松下的采购员据理力争过，希望对方能改变主意，但松下决心已定，丝毫不做任何让步。

万般无奈之下，稻盛和夫只好竭力压缩生产成本。经过研究，他在保证产品质量和品质的前提下，成功削减了产品的成本，满足了松下的全部要求。通过这次考验，京瓷不仅掌握了超高的技术，提升了产品的性能，而且在产品价格上有了更强的竞争力。能为客户提供质优价廉的产品，这是其他企业做不到的。凭借这一优势，京瓷揽下了更多的订单，并把业务拓展到了美国西海岸。

在暴风雨和激流中搏击，能让人变成游泳健将；在汹涌的巨浪上翻转雀跃，能让人成为冲浪高手。只有敢于挑战最严酷的环境，才能成为真正意义上的勇者和强者。人是基因和环境的产物。遗传基因是由先天因素决定的，你是否强大、是否聪明全不由自己。但后天的环境是可以选择的。如果认为自己不够强大，在能力和意志力方面有所欠缺，那么可以主动去挑战严酷的环境，在极端环境中壮大自我，直至成为真正的强者。

在逆境面前，要有强大的韧性

稻盛和夫说："艰难困苦正是机会——我们应该有这样的认识。"把逆境中的困苦当成机会来看待，人就会变得积极和乐观，无形中将减少很多苦恼。毫无疑问，困苦的生活会给人带来肉体和精神上的双重痛苦，如果不能摆脱困境，那么这种无以复加的痛苦将持续存在，直至压垮人的意志。要想战胜困苦，就不能继续以抗拒和敌对的心态对待生活，而要改善心境，让自己变得更加有韧性。

韧性是战胜逆境的法宝。它胜于强硬的刀锋较量，胜于迅猛狠厉的回击，因为它讲究的是和解之道，贵在以哲思取胜。世界上最具锋芒的武器不是刀斧，是智慧；力道最大的东西不是铁甲钢拳，而是思想。冲出逆境不能靠蛮勇和蛮力，而要靠哲学思想。稻盛和夫能一次次走出逆境，所凭借的便是他独特的哲学思想。世人面对逆境时，总是采取防守或对抗的姿态，在对抗痛苦的过程中无形中加剧了痛苦，以至于身陷其中无法自拔。也就是说，在某种情况下，人们会无意识地放大自己的精神痛苦，不知不觉中自我戕害。破解这种局面最有效的办法是放弃硬碰硬的对抗，让自己变得有柔韧度，心平气和地消化痛苦，用哲学武装自己的头脑，运用强大的韧性战胜困厄。

稻盛和夫认为苦难不会永远持续下去，人们只有毫不犹豫地接纳它，才能让自己保持清醒的头脑和睿智的思维，最终从困境中悠然抽身。稻盛和夫便是靠自己的头脑和思想战胜困境的，而不是靠拳脚、咒骂或宣泄报复。事实证明，他是对的。困境是无形的，它就像水，一拳狠狠打去，什么也改变不了，白白耗费力气，只能助长自己的无望情绪和怒意。与其做这样的无用功，还不如培养自己的包容性和柔韧性，学会和糟糕的处境相处，等到你平心静气的时候，任何的事情都无法再对你施加影响，那时就能收到不战自胜的效果了。

稻盛和夫年轻时有一段很失意，在那段迷茫的日子里，他总是被痛苦的情绪包围。初涉职场，他的处境非常不妙，公司运势江河日下，随时可能破产，他好不容易找到的工作随时可能丢掉。由于资金匮乏，人才储备不足，作为新员工，他没有前辈指导，只能自己没日没夜摸索，实验室里连合乎规格的设备都没有，然而他依旧要利用简单的器具搞研发。那时他压力很大，又非常孤独无助，不知能不能独自撑过苦闷的岁月。

到了晚上，忙碌了一天的稻盛和夫心情更加糟糕，为了排解心绪，他经常到宿舍旁边的小河堤散步，时不时仰望暗夜里的星空。无数个夜晚，他一个人对着满天斑斓的星辉歌唱，把思乡情怀和人生苦闷倾吐而出。唱完之后，他就和生活和解了，内心瞬间平静下来，似乎所有的烦恼都烟消云散了。随后，他迈着轻快的步伐走回宿舍，心境豁然开朗。

稻盛和夫说："苦难不会没完没了，当然幸运也不会永远持续。"是的，苦难和幸运都是有限的，人不可能永远被逆境困住，除非自己制造了一座无形的囚牢。世间的很多痛苦并不是命运施加给自己的，而是自己想象的产物。一个没有柔韧性的人，可能会自我摧折、自我毁灭；而一个过度柔弱的人，可能会作茧自缚、自我折磨。要想战胜苦难，必须学会和自己及这个不完美的世界和解，以柔和之心包裹伤害，依靠强大的韧性自我修复。在逆境面前，不要使用蛮力对抗，而要学会运用哲学智慧应对问题，于无形中化解一切艰难困苦。稻盛和夫告诉我们，苦难并不像我们想象得那么可怕，学会运用哲学的力量，就能冲出逆境，战胜苦难，所向无敌。

失败是成长的必修课

成长的道路上，往往伴随着无数次失败。几乎对所有人来说，失败都是一种不可避免的经历。对成功人士而言，也是这样。叱咤欧洲的拿破仑有过滑铁卢之败；飞人乔丹也输过球；阿里巴巴横空出世之前，马云失败过很多次。永远胜利，永不失败，只存在于人们的臆想中。既然失败是人生的常态，那么面对败局，面对逆境，就应该淡然处之。

稻盛和夫认为，当失败已成定局时，就没有必要再为它烦恼。因为覆水难收，一切已成事实，再怎么懊悔难过，也不可能改变任何事情。面对无法更改的历史，最明智的选择是坦然接受，然后好好把握现在。其实，过往的失败，对今天有很强的借鉴意义。认真反思失败的原因，及时总结经验教训，不仅可以使自己避免重蹈覆辙，还能给予自己新的启发，让自己距离成功更进一步。

稻盛和夫说："人都是在反反复复的失败和错误中成长、发展的。"在失败中反思，在错误中自我修正，是人类不断取得进步、不断完善自身的法宝。虽然人人都渴望成功，厌恶失败，但想要杜绝失败、杜绝错误是不可能的。没有失败的铺垫，就没有成功的必然，没有失败的前奏，成功就会变得突兀和不牢靠。所以，从某种意义上说，失败也有它存在的价值。失败让人感到屈辱，不是失败本身的问题，而是因为人类无法正确解读成败得失的意义。在以结果为导向的社会里，人们只能看到胜利者的光环，却看不到他在取胜之前，无数次跌倒爬起的背影。事实上，胜利的道路上铺满了失败的“炮灰”，没有失败，胜利便无从谈起。

稻盛和夫在拓展海外业务期间，经历过多次失败。虽然事先准备充分，但由于各种各样的原因，他一次次满怀信心而来，却一次次铩羽而归。然而他不灰心、不气馁，总能从上一次失败的经历中吸取教训，然后重整旗鼓，再次杀向海外市场。

从美国空手而归之后，稻盛和夫吸取教训，雇用了精通外语和国际业务的助手前往国外，这次办事效率提高了不少。但是事情进展得依然不顺利。稻盛和夫希望这次能有所斩获，不想再次无功而返，所以拼命推销产品，从早到晚忙忙碌碌，每天两手空空地回到饭店后，他都忧愁不已，觉得白白浪费了时间和资金。助手却冷静得出奇，认为京瓷拿不到订单是很正常的事。稻盛和夫着急地说：“再这样下去，公司就要倒闭了。”助手说：“在海外拓展业务需要一个过程，着急没有用，拿不到订单，我们也没有办法。”两个人争执了起来，谁也不能说服谁。

接下来的日子里，稻盛和夫带着助手跑遍了维也纳、罗马、伦敦、巴黎。欧洲人看到京瓷的产品，无不赞叹它的技术水平之高，可是人们并无意买下这些产品。稻盛和夫急得掉泪。助手仍不慌不忙。稻盛和夫很不满意，他希望助手能够像自己一样关心企业的前途和发展，竭尽所能挽回败局，而不是整天冷眼旁观。两人的分歧越来越大。后来，失败的次数越来越多，稻盛和夫也淡然了，开始欣赏起助手身上那股荣辱不惊的超然态度，两人成了志同道合的伙伴。经过多次教训的总结及多年的积极奔走，他们的努力终于换来了回馈，京瓷终于在香港地区和美国打开了市场。

失败是人生的必修课，那么我们该采用怎样的态度面对失败呢？稻盛和夫说："遭遇失败和苦难的时候，不应牢骚满腹，不要怨天尤人，而是要忍受考验，坚持努力，一点点积累小小的、确凿的成功，最后将逆境转化为顺境。"失败不是人生的终章，不是最后的句点，所以不应放弃努力，而要鼓起勇气继续尝试，直到成功为止。如果一个人一千次跌倒，能一千零一次奋起，那么他必然会成为最后的胜利者。因为不能被失败击倒的人，最后一定能战胜失败，获得成功。失败之后，最忌讳的是止步不前，把所有时间和精力都耗费在牢骚抱怨上。牢骚抱怨并不能改变处境，反而会恶化自身的生存环境，使形势变得更糟。把怨天尤人的时间花在有价值的事情上，反反复复去尝试，矢志不移地朝着一个目标前进，终有一日会取得成功。

不畏艰险地攀登，才能到达人生巅峰

生活中，我们常听到这样一句话：前途是光明的，道路是曲折的。的确，想要到达人生巅峰，必须历经艰难曲折，不畏艰险地向上攀登。如果选择一条安逸舒适的路，就会迷失，与最初的追求渐行渐远。稻盛和夫认为，理想是不能打折扣的，认准一条路就不能妥协或寻找任何借口，需拿出攀登的勇气拾级而上，如此才能荣登顶峰。

大多数人终其一生都无法到达人生巅峰，究其原因就在于他没有克服逆境的勇气，对眼前的困难望而却步，遇到阻力便想着绕路而行，或者干脆放弃。所以从某种程度上说，个性愚直、不屈不挠的人更容易成功。比如郭靖，愚笨憨直，不通权变，做事一鼓作气，不达目的不罢休，终于练成绝世武功。稻盛和夫身上也有这种憨直的精神，他做事有冲劲、闯劲，无论事态进展如何，从不退缩，因为始终在路上，始终在拼搏，所以总能一如既往地达成目标。

其实，有时候人们半途而废或功亏一篑，不是因为遇到了不可跨越的障碍，而是被头脑中的幻境打败。身处逆境时，人们心态消极，总是预想最坏的结果，对自己全然没有信心，为了避免遭遇惨败，会有意识地降低目标的难度，或者换个目标执行，抑或随便找个理由放弃所有的计划，以确保自己体面地退场。这种错误的心态阻碍了自己到达辉煌的顶峰。稻盛和夫能在事业上屡攀高峰，得益于其矢志不移、不畏艰险的拼搏精神，他的成功恰到好处地揭示了勇气和毅力的重要性。

在大多数情况下，人们都没有垂直攀登的勇气和毅力，面对令人望而生畏的高度，人们可能产生胆怯的心理，一旦战栗胆怯，便输掉了一半，以后想要扳回一局就比较困难了。人们常说，“好的开始是成功的一半”，要想成功，就不要畏惧路途的艰难和遥远，而要抱着必胜的信念迎难而上。自己选择的道路，哪怕跌跌撞撞一路踉跄，也要坚持走完。

稻盛和夫是一个不懂得妥协的人。由于个性愚直，不被世俗理解，经常受到外界责难。前辈奉劝他要学点权宜之计和应变之道，他全然不理会，始终坚持自己的信念。他知道坚持自我，会让今后的道路变得万般艰难，但仍然不愿意随波逐流，因为他相信真理掌握在少数人手中，在艰难的道路面前，只有坚持往前走，才能登上险峻的高山。与世俗妥协、与苦难妥协，是很容易的。可是选择了妥协，就等于变相选择了平庸，很有可能找不到自己的路。

稻盛和夫不认为深谙权变之计和圆滑的处事之道，对自己的事业会有帮助。他觉得拒绝安易舒适的路，努力征服险峰，才能到达别人触及不到的高度。稻盛和夫的信念十分坚定，不过作为一个有血有肉、有思想有情感、有弱点的人，他也有软弱疲惫的时候。结婚前夕，他小心翼翼地问未婚妻，假如自己一败涂地、众叛亲离，再也没有一个人追随，她是否愿意做自己坚强的后盾。他的未婚妻毫不犹豫地点了点头，表示任何时候都愿意无条件地支持他，如果他事业失败，两人仍然可以相濡以沫过平凡的日子。有了未婚妻的承诺，稻盛和夫便不再有后顾之忧，不再患得患失，在打拼事业时，信心满满、动力十足，终于把京瓷带向了辉煌。

正所谓"无限风光在险峰"，不挑战险峰，永远都看不到绝世风光。人站在不同的高度，视野不同，眼里的世界也不同，人生的层次必然也大不相同。要想拥有不一样的人生，必须倾其所有、不惜一切代价取得成功，任何一点儿犹豫妥协都有可能使自己前功尽弃。在这个世界上，没有人喜欢庸庸碌碌的生活，但少有人能到达向往的高度。原因在于，人们总是被怯懦和惰性控制，把自己局限在了特定的位置上，终其一生都无法突破生命的桎梏。只有克服自身的弱点，拿出孤注一掷的勇气挑战极限，才有希望开启崭新的人生。有些人认为自己渺小如蝼蚁，永远到达不了雄鹰的高度，其实这是自我设限。蝼蚁可以到达任何高度，只要它敢想，一切皆有可能。

第六章　人性的弱点：贪欲是万恶之源

自私犹如毒药，将使人无可救药

自私是人性中根深蒂固的一部分，是人的天然属性，它不可能被彻底消灭，但可以被控制在合理的范围内。那么自私是怎么产生的呢？从社会发展来看，自私是伴随着阶级分化、私有制的产生而产生的。在原始社会，人们共同劳动、共享劳动成果，所有人都秉持着人人平等的朴素观念，谁也没有想过要巧取豪夺或者采取其他不正当手段霸占更多的财富。那时的人们就像不谙世事的小孩子一样。到了原始社会末期，因为生产力的提高，财富有了盈余，于是便有人利用手中的权势窃取了大量的社会财富，随之出现了阶级分化和贫富分化，社会规则发生了根本性的改变。

可见，自私的出现与人类社会发展进程有关，但归根结底，还是源于贪欲。贪心导致部分人想要将社会资源据为己有，一些邪恶的行为随之产生。稻盛和夫认为“贪”“嗔”“痴”三毒是人类行罪恶之事的根源。过度贪婪，执迷于不合理的欲念，就会让人变得无可救药。作为一名企业家和哲学家，他非常注重克制自己的欲望，经常告诫自己不能贪恋财富，要时刻记得回馈社会。一旦产生了私心，便严格自省，直到排除欲望的毒，才肯罢休。他不仅严格要求自己，还以同样的标准要求员工。平时经常教育员工不要依赖别人、不要坐享其成，如果渴望得到好的福利待遇，必须用自己双手创造财富。他甚至鼓励员工拿出一部分个人财富捐献给社会，以增强他们的社会责任感。

京瓷尚未发展壮大时，凭借着过硬的技术获得了日本第一届中小企业研究中心奖。公司得到了一笔巨额奖金，大家都很高兴。当年日本电子设备所需的陶瓷材料，极度依赖进口，在精密陶瓷方面的研究一直比较落后，京瓷的独有技术让全日本人大开眼界，这个奖项可谓实至名归。京瓷全体员工皆为之自豪。那时所有人都沉浸在喜悦的氛围中，谁也没有打奖金的主意，也没有出现抢功的局面。稻盛和夫深感欣慰。他认为奖金是大家共同努力赢得的，不能被少数人占有，所以决定把奖金都花在全体员工身上。

紧接着，稻盛和夫举办了好几场联谊会，让全体员工尽情享受美食和欢乐的氛围，将那笔奖金花得一分不剩。时隔多年以后，大家又想起了那笔奖金，大多数员工认为应该把那笔奖金花费在产品研发上，稻盛和夫却微笑着说他要履行承诺，得了奖必须犒劳大家。在员工面前，稻盛和夫从未表现出吝啬自私的一面，员工受他的熏陶和感染，也没有表现出自私刻薄的一面，双方互相着想，同心同德，一起促成了京瓷的辉煌。

如今，像稻盛和夫那样有操守、有境界的名人越来越少。许多企业只想以最小的人工成本换取最大的利益，对员工的处境不管不顾；许多员工只想以最少的投入换取最多的回报，对企业毫不关心。由于无法找到利益的平衡点，彼此陷入旷日持久的拉锯战中，造成了巨大内耗，结果换来了双输局面。

人类要想创建一个“人人为我，我为人人”的良性社会系统，必须克服自私的毒瘤，不断自我净化，先从改变微环境开始，再慢慢改变整个大环境，一步步实现社会环境的优化升级。这需要每个人从日常小事做起，克服自私的贪念，学会关爱他人和整个世界，这样我们赖以生存的世界才能变得更和谐更美好。

要善于疏导欲望的洪水

欲望是洪水猛兽，还是一种自然存在，我们应该怎么看待它呢？客观来说，任何事物都有两面性，欲望也不例外。有些欲望是与生俱来的，没有好坏之分，比如食欲、性欲，它属于人的正当需求，不应被压制和否定。但本能欲望超出限度，就会演变成邪欲、贪欲，将把人引向罪恶的深渊。古往今来，不少声名显赫的大人物因为贪图声色美食，堕落成了社会的蠹虫。可见欲望是人类堕落的根源，那么这是否就意味着应该打着“存天理，灭人欲”的旗帜泯灭人的一切欲望呢？当然不能。人欲就像洪水，宜疏不宜堵，奉行禁欲主义，将导致欲望的洪水泛滥成灾，结果适得其反。

关于欲望，稻盛和夫说：“为了维持生命的食欲，为了繁衍子孙的性欲，都是欲望。”“欲望中包含积极的、重要的意义。”“要娶妻，要多生子女，这类欲望都为生存所必需。”“因为具备自由，人类可以无限地追求欲望，但是这不仅对宇宙无益，对自身也有害。”也就是说正常欲望应该得到满足，但无限度膨胀的贪欲应该被抑制。把这种观念放入现实生活中，我们将发现，它可以解释社会生活中的大部分现象。拿雇主和劳动者的关系来说，双方关系是走向和谐还是趋于恶化，取决于各方合理的欲望是否得到了满足，不正当的贪欲是否受到了抑制。

人性是贪婪的，贪婪是人类的普遍共性。由于所处立场不同，不同阶层的人只能看到别人的贪婪而看不到自身的贪婪。在有选择地忽略自身贪婪的同时，也忽略了别人的正当需求和正当欲望。譬如一些雇主，在劳动者要求涨薪和提升福利待遇时，往往感到愤怒，因为他们看到了对方的贪婪，但是却没有看到对方的正当欲望和正常需求。在物价飞涨的今天，劳动者的生存成本和生活成本不断上升，他们要供养自己和家庭，要为子女提供物质保障，这是人之常情。稻盛和夫对此表示理解，所以他对企业的员工十分慷慨大方，不曾为了多积累个人财富而苛待员工。

从另一个角度讲，任何一家企业都是逐利的，因为没有利润企业就不能存活。在法律和道德框架约束内追逐合理的利润，是企业的正当欲望和正常需求。劳动者应该理解企业的立场，不能为了满足个人不合理的需求而把企业逼迫到无利可图的地步。曾几何时，发达国家工会借助自身的影响力，大幅度提升工人的福利待遇，造成劳动力成本急剧攀升，企业生存维艰，不得不把工厂迁移到发展中国家，后来发展中国家就业率显著提高，而发达国家却出现了大量的失业工人。由此可见，人们不仅要疏导自己的欲望，还要区分和辨别他人的正当和不正当欲望，这样才能避免害人害己或互相伤害，才能携手打造一个和谐稳定的社会环境，使双方都能从中受益。

稻盛和夫在创立京瓷初期，就已经建立了这样一个核心理念，即企业不是为了维护一小撮人的利益而存在的，它是为公司的全体员工而设的。作为企业的领导者，稻盛和夫不仅不贪，还能照顾员工的正常需求，所以员工才愿意摒弃私心，全心全意地为企业服务。

有一年，稻盛和夫冒着恶劣的天气到川内工厂视察。他徒步走在桥上，看到桥下的河水一片混浊。当时风雨大作，道路又湿又滑，稻盛和夫小心翼翼地向前行进，走了一会儿，忽然听到一阵急促的脚步声。他扭头看到了一位匆匆赶路的年轻女性，于是便好心提醒说前路危险，最好马上原路返回。女士不为所动，焦急地说她有重要的事情要办，边说边赶了上来。稻盛和夫问："你究竟要去哪儿？"女士简短地回答说："京瓷。"稻盛和夫大为感动，觉得有这样的员工，川内工厂一定能兴盛起来。他预想得没错，虽然因为大雨工厂被淹，耽误了开工，但没过多久，工厂就恢复了生产。恶劣的天气并没有阻挠员工工作，员工们都像那位女士那样赶工抢工，很快就让工厂恢复了运行。

承认自己和他人的正当欲望，克制自己的贪欲，引导他人的欲念和动机，使双方达成互信，是化解矛盾和冲突的正确之道，也是构筑和谐社会的有效途径。欲望应当疏导而不该消灭，这不仅是一个哲学问题，更是一个现实问题，值得每个人深思。

真正的富有，来自知足

人的生命是有限的，但欲望是无止境的，人的心脏只有拳头般大小，却因为受到贪欲的蛊惑变成了无底的黑洞，永远也填不平。懂得知足，成了一种清修。一种奢想，而欲壑难平、野心勃勃的状态则成为一种常态。在拜金风潮的影响下，人们越发贪婪，越发不知足，由此引发的恶性竞争愈演愈烈，以致破坏了社会秩序。

小到一个企业，大到一个国家、一个民族，都在鼓励竞争，而竞争的动力皆源自不知足。企业不满足于现有的市场份额，残酷地与竞争对手搏杀；国家不满足于现有的国际地位，通过各种政治手腕打压对手，以增强自己的话语权。因为不知足，企业与企业、国家与国家视对手为仇敌，各种纷争层出不穷，引发了许多混乱。也许有人会说不知足是人类不断进步的动力，企业蓬勃发展、国家繁荣兴盛，都是靠永不知足的人推动的，如果人人都知足常乐，整个世界将陷入停滞。诚然，不知足能引导人类进步向上，但贪欲过盛，则会把人类引向败亡。过度鼓吹竞争、过度吹捧欲望的导向作用，将把人类带回蛮荒和原始，使人类社会退回到弱肉强食的状态。

在稻盛和夫眼里，丛林法则控制下的生物都是知足常乐的代表，肉食动物从不滥杀，总是以最低限度的杀生来维持生存。因为它们知道，杀戮过多，使生物链下游的食草动物绝种，自己也将迎来末日。贪婪的肉食动物出于生存的智慧，学会了合理控制自己的欲望，所以自己的族类和其他物种都得以绵延下去，久而久之，不同的物种逐渐建立起了一种共生的关系。

针对这种现象，稻盛和夫不无感慨地说："为了促使森罗万象、一切生物万世永生，需要知足，需要抑制自身的欲望。"可惜，很多人并不明白这个简单至极的道理，不仅不肯克制贪欲，还变相地美化不合理的欲望和恶性竞争，把你死我活的较量、鱼死网破的恶性竞争包装成狼性精神。可事实上，狼族并不像人们想象得那么贪婪，为了族群的长远发展，它们从来不会对唾手可得的猎物一网打尽，而会选择与猎物和谐共生。其实，人与人之间、企业与企业之间、国家与国家之间，本来是可以和平相处、和谐共生的，可以在良性竞争中共谋发展，只要放弃偏执的贪念，学会知足，一切问题都将迎刃而解。

京瓷规模由小变大，实力由弱到强，一步步发展为大型跨国企业，所依靠的不是白热化的恶性竞争，也不是贪欲驱动，而是过硬的前沿技术和锐意进取的精神。几十年来，京瓷没有参与过一场恶性竞争，每次赢得市场，都是靠技术革新。开拓市场时，稻盛和夫思考的不是如何处心积虑打垮对手，如何让势均力敌的企业倒闭破产，而是如何克服技术难题，如何让新型陶瓷取得飞跃性的突破，如何让京瓷获得独步全球的顶尖技术，打造属于自己的商业童话。

稻盛和夫不像有些企业家那样鼓吹快准狠的竞争策略，也不像有些商人那样为了聚敛财富不择手段，在京瓷快速发展时期，他仍然不慌不忙，知道如何克制自己的个人欲望。在有些企业家卷入丑闻一败涂地的时候，他因为无可指摘的操守，被奉为了继松下幸之助之后的又一位经营之神，深受日本以及全世界人民的爱戴。

不知足，是自私和罪恶滋生的根源。因为不知足，国与国之间争夺资源，最终引发战争；因为不知足，企业与企业之间疯狂争夺利润，把市场环境搞得乌烟瘴气；因为不知足，人与人之间恶言相向、反目成仇，珍贵的友谊毁于一旦。人们对财富的占有欲，毁掉了一切美好的东西。而事实上，越是贪恋财富，越是会使自己和他人都不幸。只有放下贪念，学会知足，才能赢得更多有形无形的财富，才能赢得真正意义上的成功。

超出生命的需求，都是负担

很久很久以前，印第安人将花草树木、飞禽走兽视为自己的兄弟姐妹，对自然资源的取用节制有度，从不滥杀一头野牛，也不滥砍一棵大树，从不追求与生命需要无关的东西，一直与自然界和谐相处，所以他们不知道污染为何物，也不曾面临资源枯竭的危险。如今，人们为了满足自己的贪欲，经常犯竭泽而渔、杀鸡取卵的错误，最终都要自食其果。

客观来说，原始人比现代人更有生存智慧，他们很早就明白，超出生命需求的东西，都是负担，故而从不追逐身外之物，更不会为了身外之物破坏自己的生存环境。稻盛和夫认为，非洲的某些原始部落在面对烧荒的问题时，体现出了超常的智慧。部落里的人知道焚毁森林，能得到大片沃土，收获更多庄稼，但他们没有无节制地烧荒，原因在于，垦殖过度，破坏原有的生态系统，将导致土地贫瘠，使大家陷于饥荒。经过谨慎考虑，他们不再追求粮食盈余，也不再贪求过多的财富，将全部精力都用在了求生存谋发展上，所以非洲大陆没有出现因烧荒导致的饥馑。

现代人之所以活得很累，是因为所求太多，物欲太盛，为了豪宅、名车、奢侈品等身外之物，耗尽了心力。有些人总是抱怨自己被无休止的工作掏空，却从来没有反思过自己为何沦落到这般境地。与其说是繁重的工作摧垮了身体，压垮了灵魂，还不如说是旺盛的物欲透支了自己的身心健康。原始人都知道要以发展的眼光看待问题，现代人却因为急功近利、贪婪无度而自我摧残、自我压榨，岂不可悲！

事实上，越是成功的人越懂得克制自己的欲望。比尔·盖茨乘飞机出差从来不坐头等舱，坚持坐经济舱，生活中也吃的是家常便饭，不吃天价大餐。稻盛和夫也一样，他平时并不会在吃穿用度上挥霍金钱，简朴得令人难以置信。而许多尚未成功的人出于攀比、炫耀心理，动辄挥金如土，为了应付庞大的开销，拼命赚钱，结果导致了“年轻时用命换金钱，年老时用金钱换命”的悲剧式的结局。可见，为生命需求之外的贪欲奋斗，实属愚蠢的行为，人必须学会节制自身，才能获得更长足的发展。

京瓷刚刚创建时，企业没有多少盈余，稻盛和夫本人也处在一穷二白的状态，那时他非常节俭，并把崇尚节俭的理念灌输给了每一位员工。时隔40年后，京瓷已经发展成了享誉全球的跨国企业，利润达到了800亿日元，稻盛和夫仍然提倡节俭。他提倡节俭不是为了给企业省钱，而是为了防止个人腐化，避免不正之风腐蚀企业。

通过观察，稻盛和夫发现被贪欲毁掉事业的企业家不胜枚举。很多企业都是因为企业主堕落腐化而破产倒闭的。基于这样的认识，稻盛和夫把“以俭为本”作为经营理念，并把这种理念贯彻到了日常生活中。他出差时尽量避免高消费，经常单独吃简餐。其实以他的收入来说，即使顿顿都吃鱼子酱、松露等奢华美食，也没有问题，但他没有那么做，因为他不想助长自己的贪欲。

有些人认为及时行乐、享尽人间荣华富贵才不虚此生，天天为了房、车、名表、名包忙忙碌碌，日日以饮鸩止渴的状态自我麻醉，结果一手炮制了自己的人生悲剧。事实证明，追逐超出生命需求的东西，将使自己不堪重负，甚至会提前透支未来的幸福，把自己逼向绝望的境地。因此，人必须学会克制自己的欲望，才能避免无用的消耗，才能过上健康快乐的生活。

不要被私心杂念所累

世界上之所以有那么多的尔虞我诈和蝇营狗苟，是因为人类有私心，克服不了自私自利的弱点，控制不了贪念。这是一件极其悲哀的事。虽然社会在不断进步，文明在不断演进，但站在历史制高点的现代人，仍免不了被各种欲念奴役。

当今职场上，很多人并没有把心思放在本职工作上，而是放在了各种明争暗斗上；不去提高自己的业务水平和专业能力，整天钩心斗角。这不仅破坏了公平的竞争环境，而且败坏了社会风气，给社会和他人造成了难以估量的影响。现在，大部分人都已经满足了温饱需求，不必像原始人那样整天争抢食物，那么人与人之间为何还存在着惨烈卑鄙的争斗呢？归根结底，是贪欲和私心使然。现代人非常重视自己和家族的利益，为了自己过上高品质的生活，为了给家人提供优越的物质条件，往往会不惜一切代价。换言之，人们为了维护私德，丧失了最基本的公德。私德的兴盛和公德的缺失反映在职场上就使有些人忙于溜须拍马或落井下石，不仅降低了企业的工作效率，还危害到整个社会的道德体系建设。

2010 年年初，日本规模最大的航空公司日航破产，不久，78 岁高龄的稻盛和夫临危受命，出任日航董事长，全面整顿业务。当时的日航是一家极具官僚色彩的企业，很多手握大权的政客、官僚在幕后操作企业的运作，各派互相倾轧。企业内部充满了错综复杂的权谋斗争，导致公司正常运营受到严重影响。此外，日航工会组织林立，九大工会组织关系复杂，也热衷于各种争斗。由于从上到下，公司所有成员都没有责任意识，谁都不肯做实事，全都遇事推诿，彼此指责，公司的运营状况每况愈下，出现了巨额亏损，最终沦落到了破产的境地。

稻盛和夫刚到日航就发现了问题，所以他把重点放在了整顿思想和风气上面。在会议上，他高调宣扬“敬天爱人”的哲学，呼吁各部门的领导人和广大员工，摒弃利己的动机，认真检讨自己，改变原有的不良习气，把时间和精力放到本职工作上。最初日航的员工最忌讳别人说他们有官僚气，但他们的一举一动、一言一行均淋漓尽致地体现出了令人厌恶的官僚作风。稻盛和夫花了不少时间劝诫，才让他们认识到自身的问题。在稻盛和夫的耐心教导下，日航全体成员的精神面貌焕然一新，大家不再把宝贵的时间浪费在争斗和争吵上，齐心协力为日航的未来奋斗，终于使这家企业起死回生。

职场上的恩恩怨怨、权谋争夺，皆因私心而起。如果人们能抑制自己的私欲贪心，在维护私德的同时，注重公德的建设，那么所谓的派系斗争或各种形式的利益之争可能将不复存在；人与人将成为亲密的合作伙伴，不必要的内耗将随之消失。这种局面不仅对企业有利，对整个国家乃至整个人类社会都有益。所以说，摒弃私心杂念，抑制急剧膨胀的欲望，是人类自我净化的重要手段。人类必须克服自己的欲念，才能让自己和这个世界变得更美好。

认识自我，从自省开始

人最熟悉的人是自己，最看不清的人也是自己。揽镜自照，只能看清自己的容貌；站在光线下看地面的投影，只能看清自己的形体特征。要想弄清自己的精神世界，全面认识自我，必须学会自省，只有学会自省才能看到自己的阴暗面，才能投向光明；只有学会自省，才能让恶念、贪欲无所遁形，清除内心的杂质，让自己的心境变得澄清；只有学会自省，才能杜绝卑怯，排除心灵的毒素，过上健康积极的生活。

稻盛和夫认为，自省是人生中不可或缺的重要内容。当狂妄自大、不可一世时，人要自省；当被欲念缠身、面临各种诱惑时，人要自省；想要谋取更多的财富、获得更高的评价时，也要自省。大多数人都想赚取更多金钱，想获得社会的认可，这种欲望比较普遍，产生这样的想法没有什么不正常，但过于物质化或活在别人的评价里，就会迷失心性。因此及时自省，仍然是十分必要的。

在稻盛和夫的观念里，欲望本身会产生毒素，要想给心灵排毒，不仅需要“吾日三省吾身”，还要在辛勤的劳动中提升心性，这样才能消磨精力、克制欲望，提升自己的人格。很多人认为工作和修身养性是完全不相干的，渴望灵魂自省、执迷于修养身心的人，往往会远离熙熙攘攘的世俗社会，跑到无人打扰的秘境静修，暂时放下一切工作。稻盛和夫的做法则完全相反，他主张在忙碌的工作中修养心性，在日常劳动中精进自己，一点点克服自身的弱点，一点点完善自我。那么，这种方法是否可行呢？对大多数人言是可行的。因为只有身价不菲的 CEO、企业主才有条件随心所欲地抛下工作，专注于静修。对于广大工薪阶层来说，在工作中静修，在工作中自省，确实是提升心性、完善自我的最佳途径。

稻盛和夫是一个非常喜欢自省的人，每当他在工作中取得了巨大成就，开始沾沾自喜、骄傲自满的时候，他就会马上反省自己。稍有傲慢之心，或由于自恋、虚荣心理作祟，开始自我吹嘘时，他便立刻喝止自己。如果因为轻慢在工作岗位上没有百分之百尽到责任，那么他就会立即展开自我批评。

每每做错了事或产生了不正当的念头，稻盛和夫在洗脸时就会对着镜子严厉地斥责自己。然后虔诚地忏悔，发誓从明天起改过自新，再也不会犯同样的错误。这样每天反省，他不仅工作起来越来越顺利，而且心志得到了提升，变成了一个非常有涵养、讲诚信的人，在业界收获了很好的名声。

自省是认识自我、改变自我、提升自我的前提。一个人如果连自省的能力和勇气都没有，那么他永远都不可能取得进步。要想正视自己、完善自我，首先要学会在工作中反省。在工作中反思和提升心性，是改变自身状态最简便最有效的方法。对待工作的态度能直接反映出一个人的修为和思想境界。勤勉、正直、谦逊、慷慨、友善、热情等美好的品格都可以用直观的方式反映在日常工作中；懒惰、贪婪、傲慢、冷漠、自私自利等劣根性也能在平时的工作中有所体现。

认真观察自己的同事，每天花些时间回顾自己一天的工作状态，你会发现工作场地俨然是反映人性浮世绘的喧哗剧场，在办公场所，人的品行、道德一览无遗地投射到无形的幕布上，所有人都是演员，也都是观众，是非曲直大家一目了然。接受别人的监督和批评，主动自我反思，是每个人精进自我、完美自我的方式，千万不要为了维护可怜的自尊，错过改变自我的机会，要勇敢地面对不完美的自我，努力进行自我修正，如此才能成就更好的自己。

人生价值不能用财富来衡量

每个人都想在有限的生命时间内实现自己的人生价值，那么衡量人生价值的标尺是什么？是名誉、地位，还是财富？恐怕大部分人都认为是财富。财富可以量化，既可用来进行直观的比较，也可以转化成无形的资产。而名誉和地位不过是财富的附属物。一个家财万贯的人必然有着较高的社会地位，也会收获一定的名声，所以从某种程度上说，有了金钱也就相应地有了名誉、地位，那么这是否意味着财富能作为衡量一个人价值的标尺呢？

稻盛和夫认为凡是存在都价值，人和宇宙万物的价值与财富毫无关系。每个人、每个生命被上苍赋予了各种角色，每个存在都是不可或缺的，且具备同样的分量。根据能量守恒定律，宇宙能量的总和是不变的，所以一草一木，甚至是小小的石块，也是不可或缺的，少了任何一件事物，宇宙都不再是原来的宇宙了。人类天生就有价值，无论其是否占有大量财富，都有存在的意义。以钱财多寡作为衡量自身价值的标杆是荒谬的。

有些人为占有更多的财富，不惜损人利己，这种现象既是贪欲作怪，又是价值观错乱的表现。在物欲横流的社会，大多数人都对财富趋之若鹜，为了最大限度地谋求个人财富，他们绞尽脑汁、各显其能，甚至不择手段。这种做法、活法无论是对个人、对家庭，还是对企业、对国家都是有害的。如果人人都爱财如命，只看结果不问过程，不在乎获取钱财的手段是否正当，那么社会秩序就会混乱，企业管理将全面失控，国家民族将整体堕落，个人、家庭也将受到影响。

稻盛和夫名下有京瓷和第二电信两大国际性企业，身家过亿，无论在日本还是全球，都算得上是顶级富豪，但他对财富却没有那么多贪念，几乎从来不对外彰显自己的财富、地位。1988 年，他应邀出席法国和德国的演讲会。当年，稻盛和夫无论在哪里下机，都有大批工作人员迎候。但是他却不肯让别人照顾，坚持一切自理。因为在他眼里，所有人的人生价值是等量的，有钱人不应该高高在上，而职务低微、收入低的工作者也不该卑躬屈膝地伺候富翁。

出了机场之后，稻盛和夫和普通游客一样乘坐观光巴士，用餐只选择普通餐厅，和夫人简单地购物之后，他还亲自到海关办理退税手续，全程不曾麻烦任何人。一同参加演讲会的人，此都非常敬佩他，他们不由得感叹说，当今世上为了发迹、为了谋求个人成功铤而走险的人数不胜数，但像稻盛和夫那样高风亮节且有崇高使命感的人少之又少。稻盛和夫的作风、做派足以使所有沽名钓誉或者贪财谋财的人汗颜。

稻盛和夫传达给员工的不仅是独到的经营哲学，还有正确的人生哲学观。他鼓励员工为使命、梦想、志向而工作，在工作中寻找自我和人生价值，从来不鼓吹成功学，也不主张为钱财拼命奋斗。或许有人认为稻盛和夫本质上是一个哲人，并不是一个地地道道的商人，他的思想理念似乎与现代商业格格不入。然而事实证明，鼓吹利益至上，渲染功利主义价值观的企业，都没有成为品牌企业，其要么在大浪淘沙的过程中被淘汰，要么发展毫无起色。而稻盛和夫名下的企业却成了全球知名的500强企业，可见稻盛和夫的经营哲学是完全适用于市场经济的。

无论个人还是企业，想要获得更大的发展，必须以正确的价值观为导向。唯利是图、以钱财衡量一切的价值观，不仅不能使个体和企业走向正途，还会影响个体和企业的健康发展。只有修正这种错误的价值观，珍视个体本身的价值，弘扬人类的美德，赋予个人和企业强烈的社会责任感，才能在造福社会的同时，获得丰厚的回报。

痛苦是对自己无能的愤怒

人生的大部分痛苦都是无中生有，很多烦恼都是自找的。万千忧愁恼恨皆因“贪”字而起。稻盛和夫认为人们之所以恼怒，是因为某些欲望没有得到充分满足，比如赚的钱不够多或者没有得到蜗角虚名。事态一旦不顺自己的意，就会感到不满。换言之，人生大部分痛苦都是对自己无能的愤怒，很多人都是因为没有能力满足自身的贪欲而痛苦。

贪婪让人痛苦。当能力和才华撑不起野心的时候，人会倍加痛苦。痛苦到极致，就会产生逃避心理或者选择自我麻醉。萧伯纳说：“人生有两大悲剧，一是万念俱灰，一是踌躇满志。”在人生开始起步时，人们踌躇满志，野心勃勃，一心想着出人头地，后来遇到了各种困难和挫折，发现自己永远不能出人头地，无法过上梦寐以求的富贵生活，便万念俱灰，丧失了奋斗的动力，再也不想尽心尽力地工作了。这个过程就如同从一出悲剧走向另一出悲剧。

悲剧产生的根源在于贪婪。痛苦和愤怒产生的根源也是贪婪。

其实一个人能不能成为人上人，能不能获得巨额财富并不重要，成败得失不应该用财富、地位衡量。稻盛和夫认为，一个人不说谎，不给别人添乱、正直、不贪心，知道为他人着想，工作时认真敬业，有操守、有道德，那么他即使不能成为出类拔萃的佼佼者，没有获得高收入，人生也是圆满的。如果人人都用这个标准评价自己，那么愤怒、嫉妒等各种负面感受都将彻底消失，人们无论从事何种职业，无论职务高低、收入多寡，都能愉快地工作，企业内部也会变得格外和谐。在稻盛和夫看来，成功之道必须符合做人的准则，违背道德就会遭致失败，用正道经营企业，才能步入成功。即使不能获得世俗意义的成功也不要紧，只要保证自己度过了一个充实而有意义的人生，谢幕退场时比开幕时更值得尊重，那么就了无遗憾、不虚此生。

日本有些风险投资企业的老板，精明强干，有魄力有胆量，创办的企业在很短的时间内便上市了，轻而易举地获得了巨额财富。有了金钱和地位之后，这些人便开始目空一切，想当然地认为金钱是万能的，于是一意孤行、肆意妄为，后来因触犯法律败坏了名声，从人人敬慕的商业名人沦落为千夫所指的过街老鼠。失去了财富和社会地位以后，他们痛苦万分，又恨又恼，把自己看得一文不值。

稻盛和夫引以为戒，不让贪欲腐蚀自己的内心，有了钱财和社会地位以后，他依然保持本色，不曾改变原来的生活方式，也没有改变最初的价值观。他把高尚的德行看成珍宝，所以他没有让自己的人生经历从踌躇满志到万念俱灰。如今稻盛和夫的哲学观已经得到了广泛的认可，我国中央电视台做了五期栏目讲述稻盛哲学，《哈佛商业评论》

《中外管理》等知名杂志收录了许多有关稻盛哲学的文章，稻盛和夫正在以他的哲学观和个人魅力改变商界和社会。

现在很多人生活在焦虑、愤怒和痛苦之中，由于精神状态不佳，不能全力以赴地投入本职工作。因为世俗梦想没有实现，心灰意冷，不愿意尽心竭力地做好分内的事。这无疑是价值观扭曲造成的。要知道，只有屈指可数的人能获得世俗意义上的成功。因为不能平步青云而消极愤恨，甚至怠慢工作，是不可理喻的。稻盛和夫说，不遗余力地做好自己的本职工作，不使用谎言或其他不正当的手段牟利，不贪婪不添乱，以诚实的劳动换取合理的报酬，靠双手和智慧赢得美好的生活……这是另一种形式的成功。笃信这种成功哲学的人无论陷于怎样的境地，都不会自暴自弃；无论处在社会的哪个层级上，都不会自惭形秽，甚至无端愤怒。这种局面对于个人、企业、社会都是有利的。

善良使人快乐，感恩让人幸福

稻盛和夫说："我认为，进入物质充裕的时代，对'知足心''感谢心'需要重新重视。"然而，物质的富裕和心灵的富足并不是同步的，现代人虽然已经不再为衣食烦忧，但内心却很空乏，欲望的空洞总也无法填满，渐渐变得浮躁易怒，越来越不知道感恩。欲望没有被全部满足时，人们首先想到的是抱怨而不是感恩，譬如不能享有优渥的生活，便抱怨父母无能，让自己输在了起跑线上；没有考上名校，便抱怨老师教导无方；没有找到好工作，便抱怨社会不公；没有获得晋升，便抱怨上级有眼无珠，不能唯才是举；没能获得高额收入，没能实现自己的理想，便怨恨企业没给自己提供良好的发展平台。殊不知自己每一步成长，都有人在背后默默支持和付出，不知道感恩只知道抱怨，不仅无助于改善自身处境，还会让自己越来越不幸。

稻盛和夫认为活着就应该感谢：交了好运事事顺畅，要感谢；碰上坏事遇到挫折，也要感谢；风和日丽要感谢，天气阴沉要感谢；即使遇到倒霉事和灾难，也要时时把感谢挂在嘴边。学会感谢，克制贪念，就不会把健康和好运的恩赐视为理所当然，就不会把别人的恩惠视为天经地义的事，这样就能远离烦恼，收获更多有价值的东西。在稻盛和夫看来，感谢来自心灵深处的满足，一个人感到满足，才会由衷地感谢命运、感谢他人，这是精神层面的东西，与所得多少无关。有的人得到很少却很满足，懂得感恩；有的人得到很多却总也不知足，不仅没有感恩之心，还总是觉得全世界都亏欠、辜负了自己。人要善良、要知足、要懂得感恩，才能快乐幸福，否则即便拥有了全世界，即便将全球的黄金、钻石堆砌在脚下，仍然是一个心灵贫穷的人，永远都不可能拥有成就感和幸福感。

稻盛和夫是一个非常懂得感恩的人，在成长和成才的过程中，他一直对自己的父母、师长、合作伙伴充满感激之情。他的父亲虽然没有大才，不能给他提供很好的物质条件，但为人正派且任劳任怨，把许多优秀的品质遗传给了他，给他指明了人生方向。他的母亲和蔼可亲，善解人意，给了他许多慰藉和精神支持。被浓浓的母爱包裹着长大，尽管物质很贫乏，稻盛和夫仍然感到十分幸福。

在稻盛和夫一生中，对他的命运影响最大的是他的恩师。临近高考时，稻盛和夫因家庭原因想要放弃读大学。父亲也不支持他继续深造。辛岛老师听说后感到十分惋惜，于是便亲自登门劝说，反复强调稻盛和夫品学兼优，值得培养。当时稻盛和夫家庭条件非常差，偏偏兄弟姐妹又多，读书费用已经超出了家庭的承受范围。所以，父亲希望他早点儿工作，以减轻家里的负担。但辛岛老师曾经在鹿儿岛中学当过校长，德高望重，他语重心长地劝说，并晓以利害，稻盛和夫的父亲不好固执己见，只得同意让稻盛和夫上学。假如没有辛岛老师的帮助，稻盛和夫就无缘大学，更无缘化学，那么也很难创办京瓷。所以在内心深处，稻盛和夫一直把辛岛视为自己的良师益友。

对于贪婪的人而言，斗米恩能演变成升米仇；对于善良的人而言，滴水之恩当涌泉相报。感谢不在恩薄恩厚，而在于自己是否有一颗善良的心。让自己善良一些，才能真正懂得感恩之道。事实上，感恩是每个人都应该怀有的心态，任何人都不是一座孤岛，每个人都接受过别人的恩惠和帮助，我们不能因为习以为常，就对别人的无私和慷慨熟视无睹。其他独立个体哪怕是至亲，都没有义务为我们付出，所以任何人的点滴付出，我们都应该铭记于心，并真诚地表达感谢。学会感恩，既是一个人成熟的标志，也是一个人走向成功的开端。一个知道感恩的人，才能有所作为。因为感恩能使人与人之间的关系更加融洽，能让人们在互帮互助的过程中，得到无穷的益处。感恩还能化为一股强大的力量，鞭策自己走得更高更远。学会感恩，必将收获更多。

第七章　利他哲学：渡人才能渡己

利他是自利的美好升华

自利符合人类的本性，在商业社会，每个企业、每个个体都在强调自身利益的重要性，奉行利他主义精神的个体和组织数量非常稀少。作为商业领袖，稻盛和夫在宣扬利他哲学的时候，受到不少质疑，有人甚至怀疑他的动机。其实，在稻盛和夫看来，利他并不违背商业利益。利他和利己是一枚硬币的两面，两者并不完全相冲突。商人获利，具有正当性，并不是一种可耻的行为，而真正的商业奇才，既能让自己获利，也能让对方获利，知道如何把自利和利他完美统一起来，故而总能达成双赢局面。

利他是自利的美好升华，利他也是经商的起点。企业不能只为自己谋利，还要充分考虑股东和客户的根本利益，同时要对广大消费者负责，要为社会、为国家做贡献。只有各方的利益都得到充分保障，企业才能正大光明地获利，才能赢得更广阔的利润空间。任何一方利益受损，都将影响到企业的未来发展。譬如，企业过于贪图蝇头小利，在同客户合作的过程中提出的条件太过苛刻，严重损害了双方的合作关系，如此一来，便会失去客户的信任，日后自己的利益也会受损。再比如，企业贪图利润，不考虑消费者的利益，不断推出质次价高的产品，或者以次充好售卖假货，那么必将被市场所抛弃。

纵观全球名牌企业，你会发现这样一个规律：驰名世界的名企通常能给予客户很优厚的条件，并能为消费者提供性价比较高的产品或服务，而盈利能力较差的小企业普遍急功近利，不仅苛待客户，还欺骗消费者，结果可想而知。名企因为在自利的基础上推行利他的政策，受到各方的青睐和喜欢，市场份额越来越大，而不讲规则的小企业因为不肯利他一味自利，触犯众怒，为各方所不容，渐渐濒临倒闭。可见，利他才能更好地自利，不肯利他，自己也会失去很多机会，并蒙受一定损失。

稻盛和夫在经商的过程中，自始至终奉行利他哲学。公司上市时，他把股票卖给了广大股东，日后每每公司发展进入转折期，都会充分考虑股东的利益。在与客户合作的过程中，他严格按照合约办事，无论遇到多少困难，都能保质保量地如期交货，从未辜负过客户的信任。即便历尽千辛万苦研发的产品，客户最终没有投产，也深表理解，从不得理不饶人，所以在客户群中建立了良好的口碑，订单总是源源不断。

1965 年，京瓷出产的陶瓷产品应用在了美国“阿波罗计划”的电子设备上。那时，稻盛和夫频繁出入美国飞兆。有一天技术员给了他一份封装样品，问京瓷能否生产，稻盛和夫点了点头。不久，飞兆便郑重委托京瓷生产封装试用品。双方签订订单之后，京瓷立刻组织研发小组开发封装产品。研发人员苦干三个月，交付了 20 个高品质的试用品。飞兆公司验收时非常满意，对京瓷的研发能力和技术水平钦佩不已，可惜由于各种原因，产品最后并没有投产。京瓷没有因此和飞兆闹不愉快。新研发的产品很快找到了买家，摩托罗拉、英特尔等大公司纷纷与京瓷签订大单，京瓷的发展又迈上了一个崭新的台阶。由于技术过硬，产品性能无可挑剔，京瓷出产的产品大受市场欢迎，产量和销量节节攀升，仅川内一家工厂封装产品的月产量便达到了100万个，这种生产规模在世界范围内也是首屈一指的。

由此可以看出，利他和自利是一种相互促进的关系。大力发扬利他主义精神，不仅能让别人收益，还能让自己获利。利己主义者，只能短时间春风得意，不可能获得持久发展，早晚会为自己的自私埋单。无论是企业还是个人，只有学会与外界达成互惠互利的关系，才能持续地受益，才能在成全他人的同时，成全自己。利他不只是一种高尚的美德，也不只是一种值得推崇的价值观念，更是一种实用哲学。即使是一个极度自利的实用主义者，也应该秉承利他精神，因为学会利他，对自身也大有裨益。

种什么因，得什么果

古人说："勿以恶小而为之，勿以善小而不为""日行一善，福至祸远。"要想获得福报，必须发扬利他精神，种下善果。然而到了近现代，人们已经不相信因果报应的法则了。因为善良的人做了很多好事，仍免除不了噩运；坏人为非作歹，并没有受到惩罚。针对这种情况，稻盛和夫说，从短期来看，原因和结果的联系并不明显，善因未必结善果，恶因未必结恶果。但从长远来看，坚持行善的人必被高举和厚待，一直作恶的人一定会因自己的恶行付出代价。

哲学家认为，因果关系是客观存在的。由于事物是普遍联系的，不同事物、事件的联系具有多样性的特点，因果关系便带有一定的复杂性。可表示为如下关系：事件 A 在某种条件下导致事件 B 的结果，这个过程需要时间。即事件 A 不会马上引起事件 B 的发生，只有时机到了，事件 B 才会发生。譬如一个人道德败坏，利用手里的资源和特权牟取私利，长期从事不正当经营活动，由于擅长钻法律空子，他得以游刃有余地行走于法律边缘，一直没有受到惩戒。他的恶行没有招致恶果，但这并不意味着明目张胆地作恶不会受到任何惩罚。正义的审判可以迟到，但永远不会缺席，为牟私利而践踏他人利益、公众利益的害群之马一定会受到严惩。

再比如，一个人乐善好施，对待朋友肝胆相照，别人遇到困难马上鼎力相助，总能充当及时雨的角色。对待弱势群体十分友善，总是悲天悯人，平时喜欢扶危济困、雪中送炭；对待陌生人也怀有很深的善意，愿意在他人需要的时候提供必要的帮助。这样的人必然广结善缘，一旦有难必然八方来助，日后必万事亨通。

无论是个人还是企业，行善必有福报，作恶必受责罚。为何有的人名利双收，能成就一番大业，而有的人声名狼藉，在风口浪尖上滑入深渊？究其原因在于，种什么因得什么果。德行不够，爬得越高，摔得越惨。要想收获硕果，需要先播下善的种子，学会渡人，最终才能渡己。

1982 年，一家名为八洲京机的公司因为受到石油危机的影响，出现了财政问题，社长远藤良向稻盛和夫求助。由于八洲京机的主营业务是生产电子照相机，涉足的领域与京瓷没有交集，稻盛和夫不知道自己是否有能力帮助对方走出困境。他当时颇为踌躇，其父反对说："你经营自己的公司已经够累了，为什么还要插手别人的事情？"稻盛和夫不忍心看着八洲京机倒闭，也不希望看到对方的员工下岗，思前想后，决定出钱并购这家公司。并购八洲京机之后，稻盛和夫把业务拓展到了相机领域。

后来，京瓷又出资救助濒临破产的三田工业，开始涉足复印机领域。并购结束后，"京瓷美达"成立。公司进行重建工作时困难重重，关键时刻受到救助的高层管理者给予了稻盛和夫极大的支持，事后他们不无感慨地说：以前我们接受帮助，受到恩惠，现在救助别人，协助重建"京瓷美达"，就像命运的轮回。

毫无疑问，京瓷是在并购中不断发展壮大的，但对稻盛和夫来说，并购并不是他一手主导的商业行为，而是受人之托。当年他一心想要帮助濒临绝境的企业及名下的员工，并无其他意图。他的善举没有白费，不仅帮助了别人，而且使自己的事业也越做越大，不知不觉使京瓷成了最大的赢家。

稻盛和夫说："因果必报，但需要时间。记住这句话，不要因为一时不见效果而焦躁，重要的是平日里不弛不倦，行善积德，坚持不懈。"因果报应，不可能有立竿见影的效果，但积累福报仍然是必要的。多做一些有益于他人、有益于社会的事，自己的灵魂将得到净化和升华，对自身的人格养成意义重大。帮助别人，还能收到善意的回馈，得到尊重和祝福，这些都是福报。所以，不要吝啬于付出，很多时候，施与比接受更幸福。友好慷慨地对待他人，想人之所想，急人之所急，日后也会被他人善待。

突破狭隘，扩大人生格局

心中只有自己，视野比井口还小，学会为他人着想，才能看到除自己以外的世界，格局和视野才能扩大。稻盛和夫认为，人不能只想着为自己、为公司谋利，还要为社会、为世界、为地球、为宇宙谋福祉，突破狭义的思想观念，如此才能让自己的人生境界得以更大的提升。很多人做志愿者、做义工，就是突破这种狭隘，这才符合普世价值观和人道主义观念。这不仅对得到帮助的人有益，对自己也很有利，最后所有的福报都会回到自己身上。

1972 年，有位教授拜访了稻盛和夫，问他京瓷能不能生产人工牙根，制造比较牢固的假牙。教授研究的牙根是金属材质的，人体对材质有排异反应。和金属材料相比，陶瓷有一定的优越性，所以教授想到了稻盛和夫。稻盛和夫听说陶瓷材质的牙根，能帮助患者重获健康，非常高兴，二话不说便投身到了医疗领域。

第一次实验，稻盛和夫选取的材料是氧化铝陶瓷，效果没有达到预期。京瓷生产的单晶蓝宝石，属于高纯度的氧化铝单结晶，硬度很高，能承受较大的外力，是制造人工牙根的上佳材料，可是这种材质太过坚硬，只能用钻石加工削割。研发团队经过反复试验，失败很多次，才研制出了人工牙根。

当时，往口腔植入人工牙根的手术在日本很罕见，所以京瓷的新产品上市之后反响平平。为了让人们更快地了解人工牙根的用途，稻盛和夫把最新研究材料提供给了大学附属医院和牙科学会，并在全国各地举办讲座。在他的宣传下，民众渐渐接受了植入材料，相关厂家如雨后春笋般冒了出来，京瓷作为首家生产陶瓷牙根的厂家，在国内一直稳居领先地位。自投产人工牙根以来，有无数牙病患者受益，京瓷也获得了丰厚的利润。稻盛和夫在造福广大患者的同时，也给自己招来了福报。

小家小爱的利他，令人备感温馨，也符合人情人性。毕竟家庭是社会的细胞，热爱家庭，有利于社会的稳固。但利他不能局限在家庭范围内，也不能局限在任何团体和组织之内。人们只有突破自身的狭隘，多关心他人，才能得到意想不到的回报。

自爱有度，然后爱人

有人提出利他必须舍己为人，必须公而忘私，只有心中没有自己，达到无我的境界，才能成为一个合格的利他主义者。这种观点是错误的。不爱自己的人，也不可能爱他人。人必须自爱，才能爱别人。自爱是爱人的基础，但过度自爱，就会变得自私自利，失去爱人的能力。

稻盛和夫认为，有限度地自爱，诚心诚意地爱人，符合利他原则；过分强调自爱，就会对其他个体施加伤害，最终自己也会受害。譬如蝗虫极度自爱，为了自己吃饱喝足，把方圆几百里的草木啃食得干干净净，日后找不到食物，以致活活饿死。这说明只知道自爱，不懂得他爱，早晚自取灭亡。为了生存、为了维护自尊，适度自爱是天经地义的，但时刻以自我为中心，不懂得关爱他人，势必会做出许多损人利己的事，这种自爱是不可取的。人不能把自己的繁荣强大建立在别人的痛苦之上，而要在“自爱”和“他爱”之间找到最佳平衡点，与外界共谋繁荣。

稻盛和夫强调，一个成功的企业必须懂得“自爱”和“他爱”的意义。企业有权保障自己的合法权益不被侵犯，这是自爱的基础。但企业不能只关注自己的利益，还得让客户获利。为了自己获利而让客户亏损，双方便达不成共识，这样自己也会蒙受利益上的损失。除此之外，企业还要维护同行的利益，不能因为自己处在优势地位便肆意垄断资源，扰乱市场规则。企业还要关照员工、缴纳税金，尽自己应尽的义务。

现在几乎所有的企业都懂得自爱，但懂得他爱的企业并不多。很多企业只想得到实惠和好处，而不愿尽义务。有的企业家杀伐决断、手段凌厉，对待竞争对手非常冷酷无情，为了独霸市场无所不用其极；有的企业家占用了很多社会资源却不愿意回馈社会，频繁偷税漏税；有的企业家喜欢精打细算，拼命压榨员工……这些都是过度自爱，不懂他爱的表现。只知自爱而不肯利他的企业，必不长久。既懂自爱，又能利他的企业，才能成为行业中的领袖，才能谋求更大的发展。

京瓷员工第一次提出涨薪要求后，稻盛和夫花了好几个星期的时间思考企业存在的意义。他认为企业有义务为员工及其家属谋幸福，不能只强调自己的利益和立场。通过这次事件，他的经营理念发生了根本性转变。以前，他艰苦创业，拼命发展重化工产业，是为了实现自己的个人理想，没有认真考虑过员工的需求；后来，他意识到企业不是他自己一个人的，而是大家的，承载着全体员工的期待，所以必须对每一位员工负责。

此后，稻盛和夫从一个自爱的人，变成了利他主义者。

可是把利他精神扩大到企业的每一个员工，他仍然感到不满意。有时候他感到很疑惑，难道企业只是为了满足一小撮人的需求而存在吗？当然不是。企业对社会、对国家、对人类都有责任，作为一名企业家，应该为推动社会发展和促进人类文明的进步而奋斗。这一经营理念得到了京瓷全体员工的认同，也为京瓷的发展指明了方向。

1974 年，京瓷开始研究硅太阳能电池，致力于为环保事业做贡献。经过不懈的努力，京瓷把太阳能电池安装到了秘鲁，大批生活在深山里的南美人享受到了这一高科技成果的福利。但是由于制作成本居高不下，先后有四家投产太阳能电池的公司退出市场，只有京瓷独自苦撑。稻盛和夫认为普及清洁能源，对全人类都有好处，于是咬牙坚持了下来。京瓷收购了其他公司的股份，独自开展太阳能电池的研发和推广项目。后来京瓷升级了技术，降低了太阳能电池的生产成本，研发出了太阳能路灯、自动发光道路标识、太阳能热水器等产品，还利用太阳能发电系统为一些落后的村落通了电。太阳能电池的普及，给亚非拉无电区的人民带来了福音，稻盛和夫感到非常欣慰。

走在时代前沿的企业，必然有过人之处。它们或掌握了尖端的技术，或拥有先进的经营理念，但一切都要建立在大爱和利他的基础上。如果尖端的技术不能为社会服务，不能为人类谋福利，那么就无法推广和普及，企业也无法获利。经营理念也是这样，不包含普世之爱，不关心人类的未来，就不能指导企业实现跨越性发展。坚持利他，企业才能有更光辉的未来。

解决矛盾的简洁处方

由于立场不同，人们眼中看到的世界是不一样的，所以会产生很多偏见，矛盾和争执也会随之产生。无论是家庭纠纷、邻里纠纷，还是企业内部的矛盾，大都因偏见而起。很多看似错综复杂的问题，经过抽丝剥茧分析之后，回归本质，也是由观念和立场的不同造成的。人们都只关注各自的利害，听不到别人的诉求和声音，双方无法达成谅解，怨恨由此而起。

稻盛和夫认为，多数棘手的复杂的问题，都能用简洁的方法解决。当事人只要破除成见，摆脱利己心的束缚，站在他人的角度进行换位思考，所有的难题都能迎刃而解。的确，站在“利己”和“利他”的角度来看，同一件事情也能得出不同的结论。譬如过马路，作为行人，常常责怪私家车主不懂礼让，可是换成了司机，又嫌弃行人缓慢，阻碍了车辆的快速通行；作为消费者，常责怪客服冷漠、缺乏耐心，找了份的客服的工作之后，又嫌弃消费者无理取闹；作为基层职员常责怪上司尖酸刻薄、不近人情，当了上级之后，又觉得下属懒惰不干实事，天天磨洋工耍滑……世上没有绝对的是非对错，换一个立场、换一种眼光看待问题，之前的“三观”将全然被颠覆。

在自私的人心里，自己永远正确，别人无论做什么都是错的，全世界都亏欠自己。把自己的欲求摆在第一位，把自己的利益凌驾于所有人之上，就会得出各种各样的荒谬结论，扭曲事物的本质。只有暂时放下自己的立场，把自己置身于别人的处境中，设身处地地为他人着想，才能纠正错误的认知，改善与他人的关系。所以，从某种意义上说，利他是解决矛盾的简洁处方。

京瓷内部常发生争吵，同事之间互相指责埋怨，部门之间也经常爆发口水战，所有人都固执己见，都想证明自己正确，别人错误。公司业务出现问题，制造部门说出一个理由，销售部门便全盘否定。两个部门吵吵嚷嚷，谁也无法说服谁，最后让稻盛和夫评理。稻盛和夫在认真听取了双方的意见后，简简单单几句话便触及了问题的实质，然后提出了最优解决方案，两个部门的代表听后都十分满意，高高兴兴地回去上班，就好像什么事情都没有发生过一样。

稻盛和夫能平息愤怒，解决争端和分歧，凭借的不是社长的权威，也不是一锤定音的话语权，而是深刻的洞察力和无可争议的说服力。他认为所有的问题都是由利害关系引起的，员工们只想着自己，经常因为一些微不足道的小事对别人不满，以致抱怨纷争没完没了。有时候只需要一句道歉的话或一声感谢，问题便能轻松解决。稻盛财团的副理事长广中平佑也非常赞同稻盛和夫的看法，他认为站在更高的层次看待问题，摒弃狭隘的利己思维，就能透过现象看本质，顺利解决人际纠纷的大部分问题。

现实生活中，人们都责怪别人自私，责怪别人不能理解自己，却从未反省过自己是否为他人考虑过，是否发真正理解过别人。人与人之间的情感沟通是双向的，不能单方面要求别人，而自己却固执己见、冥顽不灵。要想获得别人的理解和支持，必须先摒弃狭隘的自私观念，从纠缠不清的利害关系中抽身，认真倾听别人的意见和诉求。闭目塞听、一意孤行，将永远活在敌意和愤恨中，工作和生活都会受到极大影响。

现代社会，人际关系决定成败。良好的人际关系是事业的保障。一个人要想在社会上立足，必须赢得好人缘。拥有一流的口才和左右逢源的技巧，未必就能拥有好人缘。人若过于自私，即使口吐莲花，具备舌战群儒的能力，即使已经把自己磨砺得八面玲珑，也照样赢得不了人心。只有诚心诚意地为他人着想，善于换位思考，才能化解一切纷争，把“和而不同”的人发展成朋友，才能在收获珍贵友谊的同时，获得事业上的成功。

精诚所至，金石为开

生活中，我们常遇到这样一种尴尬的情况：做了好事不仅没得到感谢，还被误解、责怪。诚心诚意助人，却被怀疑动机不纯。无论谁遇到这种事，都会觉得委屈万分。豁达大度的人也许会一笑置之，性格敏感的人可能会吸取经验教训，再也不敢随意向别人表达善意了。

为何行利他之事，会招致怀疑呢？原因有三：其一，人性中的自私具有普遍性，而人性中的无私具有特殊性。换言之，自私的表现被视为常态，而绝对的无私被视为非常态，只有无欲无求的智者、高风亮节的圣人才是无私的，普通人所表现出来的利他行为和纯粹的善意，不可避免地会受到怀疑。其二，人天生就是多疑的，且有以己度人的倾向。怀疑论者喜欢揣测别人的心思和动机，有时候难免会以小人之心度君子之腹。其三，利他行为确实包含利己的动机。有的人做好事，是为了收买人心或者有其他目的，因动机不纯而受到怀疑。

在日本已经失掉利他美德，到处充斥利己的欲望时，稻盛和夫大力宣扬“忘我的利他”，为此受到了许多质疑。面对怀疑，稻盛和夫既不恼怒，也不委屈。他相信“精诚所至，金石为开”，自己光明磊落、真心助人，终有一日会得到理解。正所谓“路遥知马力，日久见人心”，稻盛和夫数十年如一日坚持行善，之前的谣言不攻自破，所有怀疑他的人都被他的善举所打动，不再对他无端指责。

与其说流言止于智者，不如说流言止于真心，真正毫无私心，专门利他的人，不可能永远被误解，善举和善心早晚会得到积极的回应。正所谓“人间正道是沧桑”，在商业气息越来越浓的现代社会中，精致的利己主义者越来越多，利他之人越来越罕见和稀少，所以很多时候人们对利他主义者持怀疑态度，其实利他本没有错，错的是这个时代，真正的智者会超越时代，超越世俗，超越自己，坚持利他，这样的人必然将成为时代的领军人物。

1979 年，Trident 公司经营出现重大问题，连忙向京瓷求援。不久，莎益博工业公司也陷入了困境，希望京瓷伸出援手。这两家公司的主打业务是生产电子设备，因经营不善，濒临破产，数千员工面临失业的威胁。莎益博工业公司的友纳社长非常担心员工的处境，在自己破产的情况下还在为安置员工操劳，稻盛和夫十分感动，于是盛情邀请支纳社长商谈并购事宜。

莎益博工业公司因失去主要订单，在市场上已不具备竞争力，只能生产一些技术含量不高的普通音响产品，公司陷入持续亏损的状态中。京瓷接管这家企业以后，有一大堆棘手的事亟待处理。然而公司里的老员工并不了解京瓷的良苦用心，动辄组织工会搞罢工，抵制稻盛和夫，还提出了许多无理要求，甚至包围了稻盛和夫的住宅，到处张贴传单诽谤稻盛和夫。面对责难，稻盛和夫并没有被退缩，他坚持认为自己救助莎益博工业公司没有错，作为一名有良心的企业家，他有权帮助惺惺相惜的同行，也有能力帮助万千名家庭脱离水深火热的处境，于是毅然决然地支援莎益博工业公司，全然不顾受助者的唾骂和误解。最后稻盛和夫经受住了考验，成功并购了 Trident 公司、莎益博工业公司，接管了数千濒临失业的员工，并得到了支持和谅解。

稻盛和夫说："什么时候人的内心会充满深切、纯净、极致的幸福感呢？绝不是私利私欲获得满足的那一刻，而是利他行为开花结果的时刻。"有时候利他会招来误会，但误会终会消除，坚持利他，真心实意助人，铁树也会开花。每个人内心都有柔软的一面，精诚所至，坚硬的金石都能劈开，更何况感性柔软的心灵呢？世上没有人会永远铁石心肠地对待充满善意的人，再强硬的人格也抵不过水滴石穿的毅力和温柔，利他之人，终会被世界温柔地善待。无论世界变化得多快，都要相信珍贵的东西是永恒不变的，人类的善良和善心，高贵的利他，将永远存在，友好和善意终不会被这个世界辜负。

力量越大，责任越大

《蜘蛛侠》中有一句台词十分发人深省："力量越大，责任越大。"的确，真正的强者需要背负起与能力相适应的社会责任，这样才对得起他人的信任，才配得上自己所享有的社会地位。对于强者的要求和期望，在某种程度上能折射出社会文明的发展程度。在古代，强者是规则的制定者，权力的行使者，可以呼风唤雨、为所欲为，人们不敢对他们有任何要求，只能卑躬屈膝地逢迎讨好。到了现代社会，强者仍然具备无可匹敌的地位和强势的话语权，不过他们不再是横行霸道的压迫者，而是演变成了社会文明的引领者。

现代社会的强者无疑都是精英阶层、才智阶层，他们普遍财力雄厚、身价不菲，有才干、有魄力，能以自身的影响力引领某个行业、某个领域的发展，其言论和行动对人类社会影响极大。若能担负起社会责任，将极大地促进社会发展，反之，将给整个社会带来十分消极的影响。稻盛和夫作为一个久负盛名的企业家，非常清楚自己的社会责任，在经营企业时致力于为全人类谋福利，一直关注环保、关注人类的命运，秉承"为社会、为世人鞠躬尽瘁"的人生观发展实业，大力倡导利他主义，不仅在电信、医疗、环保领域推动了社会的发展，而且在文化界、思想界、哲学界也引起了一场风暴式的革命，促进了人类的自省和净化。稻盛和夫对世界的贡献已经超出了企业家的范畴，完全配得上强者的荣耀和桂冠，其不求回报的善举，堪称"力量越大、责任越大"的最好诠释。

1994 年，京都商工会议所的会长塚本幸一要求稻盛和夫出任下任会长。当时稻盛和夫对财商界活动没什么兴趣，长期致力于环保事业和慈善事业的他，为人非常低调，不想在财商界表现自己，所以拒绝了塚本幸一的请求。塚本幸一说："会长的人选关乎京都经济界，如果把这个重要职务拱手交给渴望坐这把交椅的人，那么就大错特错了。稻盛君难道只关心自己的公司，不愿意为京都经济界做任何贡献吗？"

稻盛和夫连忙解释说："为社会做贡献是稻盛集团的责任，为世人鞠躬尽瘁也是我本人的人生态度，我怎么可能逃避责任呢？”塚本幸一说：“既然如此，你就来当会长吧。”稻盛和夫反驳道：“你说会长不能让想当的人当，那么当初你做会长，不是因为渴望当选才入职的吗？”塚本幸一严肃地说：“你是这么看待我的吗？其实我并不渴望那把交椅，我当会长是一种牺牲，是为了对社会做贡献。”稻盛和夫恍然大悟，原来任职会长，不是为了表现自己，也不是为了谋求财商界的领袖地位，而是为了承担自己的社会责任。于是，他开始重新考虑塚本幸一的建议。后来，稻盛和夫接过了责任的接力棒，正式出任京都商工会议所会长。

能力越大，力量越大，责任越大。评判强者不只要看他的资历和财力，还要看他是否承担了与之匹配的社会责任。真正的强者不只有精英意识，更有责任意识，知道如何利用自己的资源和所长优化社会环境，改善人类的处境，而不是整天琢磨着如何为自己积累社会资源和财富。自私自利、不肯利他的企业主，处于垄断地位的财阀、寡头、无良商家，都算不上真正意义上的强者，如果每位企业家都有稻盛和夫那样的强者意识和责任意识，那么全人类的文明将晋升到一个更高的层次，这个世界也会变得更加有序和繁荣。

自由是有边界的

自由是人类与生俱来的权利，不能被剥夺，也不能被扼杀。可以毫不夸张地说，自由像生命一样宝贵，甚至比生命更宝贵。古往今来，为自由而战，为追求自由和理想牺牲生命的仁人志士不计其数。如今我们能充分享有自由，正是无数英雄为自由之意志、独立之思想殉道换来的。所以自由就显得越发珍贵。

提起自由，我们首先想到的是民主、正义和人权，很少联想到负面的东西。但事实上，自由也是一把“双刃剑”，没有边界的自由会妨碍别人行使正当权利，甚至会破坏公序良俗。如果一个人只重视自己的自由，不关心别人的自由，凡事我行我素，将给别人带来很多麻烦和痛苦。所以稻盛和夫说：“人在行使自由这项权利的时候必须谨慎，必须小心。”然而在这个过度强调个人自由的社会，任何限制自由的法规和道德都会引发人们的反感，出于利他目的约束自己行为的人少之又少，人们为了尽情享受个人自由而侵害别人的事时有发生。比如为了自己舒服方便，在公共场所随地吐痰、乱扔垃圾；为了满足自己旺盛的表达欲，在公共场所喧哗吵闹；为了欣赏刺激的音乐放大音响的音量，打扰邻居休息……

稻盛和夫指出，滥用自由，不仅损害公德，而且将扰乱人们的日常工作和生活，甚至诱发犯罪。几十年前，日本经济衰颓，人们享有很少的自由，必须辛勤工作才能生存下去，必须对人慷慨、乐于分享，才能团结友爱、共渡难关。现在日本成了富裕的国家，人们享有更多的自由，但道德品质、人格素养却下滑了。人们不再为衣食发愁，有了拒绝工作的自由；一个人也能活得很滋润，不必与他人交换资源，于是越发以自我为中心。由于找不到生命的意义，且总是随心随性而活，犯罪率直线上升，这种趋势甚至影响到了青少年。

稻盛和夫认为，当今社会，人们应该学会持戒，而不是滥用自由，自己享受自由的时候，一定要考虑对他人的影响，如果自身的自由侵犯到了别人的权益，那么必须要对自己的行为加以约束。只强调自己的自由，不顾他人感受，是一种自私自利的行为，完全违背了利他哲学的根本原则，必须引起高度重视。

稻盛和夫童年时期，日本人的生活普遍比较贫苦。由于物质条件的限制，孩子的自由或多或少受到了压制。那时的儿童和青少年都比较早慧，在与大人打交道的过程中，逐渐掌握了一套规则，早早学会了如何克制自己。那时家庭成员众多，所有东西都要和兄弟姐妹分享，如果哪个孩子为了满足自己的口腹之欲，企图占有更多的吃食，将受到劈头盖脸的责骂。这种环境让孩子们学会了谦让和克制。

据稻盛和夫回忆，“二战”后很长时期内，日本经济不振，成年人压力大，小孩子要帮忙分担家务，孩子们做事很卖力，早早就学会了隐忍，大家互相帮助，从不因为劳动分配问题而争吵。现在的日本，成年人让孩子们充分享有自由，却不注重制定规则，也不注重美德的培养，青少年因为心灵荒芜迷失了自己，最后走上了犯罪道路。很多成年人寄生在父母家里，理直气壮地拒绝工作，从早到晚忙于玩乐，渐渐沦为废人。看到这些现象，稻盛和夫感到无比痛心，他由衷地希望在这个人心不古的时代，人们能重新定义自由，重新找回利他美德和传统道德。

自由是相对的、有边界的，而不是绝对的。极致的自由、绝对的自由在这个世界上是不存在的。人人向往自由，但是如果人人毫不节制地使用自由，那么世界的秩序便不能维系。事实上，人们的自由权利无时无刻不处在种种限制中。法律法规等条文是一种限制，道德规范等无形的约束是一种限制，企业的规章制度也是一种限制。人只有在不违法、不乱纪、不违背道德的条件下，合理地使用自由，且不妨碍其他人，其行为才被认为是正当的。这是自由的真相。过度追捧无边界自由既是一种无知的表现，也是一种极度自私的行为，我们必须正视这个问题，学会克制自己，这样才能避免冒犯别人，才能更好地利他。

善待别人就是善待自己

生活中我们常听到这样一句话：你希望别人怎么对待你，那么就怎么对待别人。这是非常实用的处世之道。如果希望被善待，那么首先要学会善待别人，因为善待别人就是善待自己。有些人却不以为然，坚持认为利他哲学不利于个人的发展，全心全意为他人打算，自己就会吃亏，所以做人必须多为自己考虑。其实从长远看，善待别人并不会让自己吃亏，反而会收获很多福报。譬如盲人在黑夜里为行人举灯照路，不仅方便了别人，还有效地防止了自己被撞伤，这种行为就是利人利己的。

送人玫瑰，手留余香。与人为善，自己也会被善待。稻盛和夫认为，作为一个社会人，理应为社会为世人做好事，如果拒绝行善，得到的社会支持就会相应减少，自身的发展也将受到限制，事业很有可能遭遇惨败。在稻盛和夫看来，企业破产或走向衰败，很有可能是企业主做的善事太少了，没有获得福报。经营者不能获得持久的成功，在很大程度上是因为没有为他人、为社会作贡献。

在很多人眼里，经营企业和行善全然不相干。行善是慈善家的专利，作为经营者，只要把自己名下的企业管理好就行了，没有必要把时间和金钱浪费在做慈善上。其实，行善不只包括向慈善机构捐款，还包括善待员工，以人性化的方式管理员工、激励员工，这是经营者必须做好的事，如果连这么简单的事情都做不到位，那么企业早晚会走向没落和败亡。京瓷的成功是全体员工共同努力的结果，稻盛和夫深知这一点，所以十分优待员工，做事非常贴心。他的诚心获得了福报，京瓷的员工都愿为企业鞠躬尽瘁，他们的付出共同促成了京瓷的辉煌。

1976年，京瓷把业务拓展到了苏联。被派往苏联的员工承受着巨大的压力。异国他乡，气候寒冷，员工水土不服，再加上语言不通、饮食不惯，日子将过得非常艰难。临行之前，稻盛和夫特地为他们准备了日本大米、黄酱和酱油，以改善他们的伙食，顺便慰藉一下思乡之情。这贴心的表达，让员工们很感动。11名驻外人员到了苏联工厂，从早到晚忙个不停，他们希望用自己的劳动来回报社长。

苏联人看到日本员工做事如此认真，都感到无比惊讶。由于不用监督，日本员工就能把工作做得尽善尽美，苏联人对他们非常信任。不过和日本员工比起来，苏联员工做事适可而止，很少拼命苦干。为了让苏联员工把京瓷当成自家企业，稻盛和夫花了不少小心思，他在运送设备耗材时装了很多实用的小礼物，比如时髦的指甲钳、连裤袜、挂历等。当时苏联物资短缺，根本没有时尚日用品。工厂的女工穿戴都很朴素，她们收到漂亮的连裤袜后，个个都很欣喜。稻盛和夫的这份特别的关爱，让女工们感受到了春天般的温暖，此后京瓷海外的业务进行得非常顺利。

现在，国内的一些企业家有的无心做善事只知道追求利润，有的为了沽名钓誉在镁光灯下高调捐款，幕后却爆出许多苛待员工的负面新闻，这都是经营理念错误导致的。作为大企业有义务回馈社会，但回馈应当发自真心，不应当夹杂其他目的。与此同时，企业应当善待自己的员工，因为不肯善待员工的企业是没有前途的，企业要想获得发展，离不开员工的支持。对员工苛刻、不得人心的企业，通常缺乏凝聚力和向心力，这样的企业竞争力不强，早晚会被时代淘汰。要想企业做大做强，在做产品、做市场之前，企业家要先学会怎样做人。先赢得人心，再管理企业，往往能收到事半功倍的效果。

独善其身难成事

俗话说“独木不成林，单丝不成线”，无论是个人还是企业，独立支撑是很难成就大事的。随着全球经济一体化浪潮的到来，很多行业的工作变得越发专业化和精细化，需要许多道工序才能完成，个人之间的团队合作和企业之间的分工协作就显得尤为重要。因此，只有把利他哲学贯彻到企业的经营理念中，个人和组织之间的合作才能变得融洽、顺畅，终端产品才能更符合市场的要求。

京瓷作为大型跨国企业，体量庞大、员工众多，不利于集约化管理，倘若各部门彼此争利、各行其是，企业内部就会乱象丛生，运营将陷入瘫痪，那么稻盛和夫究竟有什么妙招减少或解决大企业普遍存在的通病的呢？答案很简单，就是教导员工要学会利他。平时，稻盛和夫经常向员工强调“关爱之心，利他之心”的重要性，要求员工克服以自我为中心的利己思想，号召大家在平日的工作中密切配合，为同一个目标奋斗。

在稻盛和夫看来，员工们在完成共同目标的过程中，彼此信赖、相互配合，结成志同道合的伙伴关系，这才是最为宝贵的财富。它是无价的，而且不可估量。员工们接受了这一思想，各阿米巴之间相互鼓励和祝福，从不彼此嫉妒、相互拆台，由于没有实际的利益之争，为了“小我”而牺牲“大我”的事情不曾发生过。

很多企业家希望一家独大，在自己所处的领域中始终保持一枝独秀的地位，恨不能将所有竞争对手统统消灭。稻盛和夫的看法完全相反，他认为接受并承认竞争对手，尊重事物的多样性，才能实现行业共荣，共同推动社会繁荣。他举例说，国道旁如果只有一家拉面馆，便吸引不到客流，面馆支撑不了多久就倒闭了。如果国道干线出现好几家拉面馆，就会客源滚滚。为了吸引顾客，各大面馆各显其能，不断推出味道好、价格低廉的美食，各店生意兴隆，顾客也得了实惠，各方都能受益。若是一家垄断了整个行业，阻止竞争对手进入市场，由于没有竞争压力，服务质量就会下降，顾客不断流失，自身的盈利能力也会下降。可见独善其身难成事，只有倡导利他竞争，和对手在竞争中合作，在合作中竞争，才能促进自身的发展。

稻盛和夫在企业内部宣扬利他哲学，之所以被广泛接受，根本原因在于，他本人严格践行利他主义精神。有的企业主要求员工无私奉献、亲密协作，自己却自私自利、言行不一，所以不能服众。稻盛和夫是一个老实敦厚的经营者，始终表里如一，所以深受员工尊重和信赖。令人感佩的是，稻盛和夫非常珍视自己的员工，从未辜负过大家的信任。

在石油危机中，无数企业破产倒闭，京瓷也面临着巨大的风险。企业的订单急剧减少，京瓷只有一半的员工在正常工作，其他员工无事可做。换作其他经营者，会当机立断，马上裁掉50%的员工，让企业迅速瘦身。稻盛和夫没有那样做，因为他平时一直教导员工不能只顾自己不顾他人，所以在个人利益和员工利益发生冲突时，他仍然设法最大限度地保障员工的基本权益，于是把暂时闲置的员工组织起来，从事美化工厂环境的工作。危机解除以后，闲置的员工统统回到了工作岗位。

个人的智慧和能量是有限的，没有企业提供平台，没有同事的协助，自己取得不了太大的成就。同理，一个组织、一家企业的智慧和能量也是有限的，没有社会这个大舞台，没有产业链上下游的供给配置，没有竞争对手的鞭策，自己也走不远。无论是个人还是企业，只有把自己置身在更宏大的环境和背景中，才能绽放出更璀璨的光芒。

第八章　释放潜能：发掘你的无限潜力

一切成就皆源于渴望

心理学家说，想法创造现实，一切成就皆源自不可遏制的强烈渴望。哲学家说，每个人的人生都是自己思维的投影。稻盛和夫说，只有内心渴望的事物，才能将它呼唤到触手可及的范围内，只有迫切希望得到、拼命追求的东西，最后才能到手。强烈而切实的愿望，是事业成功的起点。做梦都想办到的事，才有机会做成。

稻盛和夫认为，愿望的强烈程度决定成就的高低。如果心中的愿望不够强烈、不够迫切，可以实现，也可以不实现，可现在实现，也可将来实现，那么这样的愿望通常不会转化成现实，持这种愿望的人也不会有太大成就。强烈到极致的愿望，会让人不停地思考的愿望，让人心潮澎湃不已的愿望，才有可能变成美好的现实。能力和努力程度不相上下的人，有的一举成功，有的狼狈败退，原因是什么呢？稻盛和夫认为是愿望的强度、热度的差异导致的。的确，成功永远不会青睐于对它满不在乎的人。如果一个人把成功看得很淡然，那么就不可能投入大量的时间、精力和热情，成功的概率自然微乎其微。只有把愿望当成生命的终极目标来追求的人，才能得偿所愿，收获预期的成功。

一个乐于坐守平庸的人，一辈子都不可能有超凡的表现，这就好比没有凌云壮志的鸟，永远不可能一飞冲天；一个中规中矩、凡事求稳的中庸者，难有建树，因为没有追求极致的愿望，就永远到达不了至高的境界。渴望不凡，渴望卓越，渴望辉煌，方能成就一番事业。恺撒征战四方，军功赫赫，问鼎政坛，成就千秋伟业，是因为他不甘平庸，渴望成就辉煌伟大的人生；伍茨一次次在赛场上打出大满贯，是因为他不甘平凡终老，渴望成为世界上身价最高的高尔夫运动员。强烈的渴望，是成功的催化剂，古今中外的成功案例大多都是被这样催化出来的。现实和愿望之间并没有不可逾越的障碍，只要愿望足够强烈，现实的边界就会被不断打破，直至与想法合二为一。

稻盛和夫刚入职时，只是一名小小的技术员，他年纪轻轻，没有资历、没有经验，在公司里毫不起眼儿。由于公司经营不善，生意一直不景气，年轻雇员普遍看不到发展前途。很多员工都在浑浑噩噩中混日子，从未想过要在陶瓷领域做出一番成就。稻盛和夫不甘心只做一名普通的技术员，立志要做前瞻性的研究。在各方面条件都极其恶劣的情况下，他仍然如饥似渴地吸取最前沿的知识，整天泡在实验室里做实验，结果研发出了让所有人目瞪口呆的新产品，一跃成了公司的核心技术人员和领导骨干。

小有成就之后，稻盛和夫仍不满足，渴望能在科学界和重化学工业领域取得突破性的成就，于是在后续的研发工作中他投入了更多的热情和努力，承接了一些大项目。后来，他渐渐感觉到松风工业不能给自己提供更大的发展平台，便毅然走上了创业之路。成为企业主之后，他渴望成功的愿望越来越强烈，目标也越定越高，成就也越来越大。

人的潜力是无限的。可惜没有内在驱动力，大部分潜能都处在窖藏状态。潜能被激发，需要强烈的渴望作驱动力。其实，资质平庸的人也可以有强大的爆发力，前提是他渴望摆脱平庸，希望自己出类拔萃、非同凡响。为什么自古英雄出少年？就是因为少年热血激扬，胸怀鸿鹄之志，内心潜藏着成功的渴望，体内蕴藏着可怕的能量，所以常能脱颖而出，成为人中龙凤。

可见，要想成功，必须唤回对成功的渴望，必须像渴望呼吸那样迫切渴望成功，这样才能有所成就。人不能在想象中金戈铁马、建功立业，却可以在渴望的驱动下，把想象变成活生生的现实，这不是无中生有、凭空创造奇迹，而是顺理成章、水到渠成的过程，谁掌握了它的奥秘，谁就离成功不远了。

脑中有蓝图，脚下才有通途

有人说没有规划的人生是拼图，七零八碎、杂乱不堪，拼凑不出任何图景；有规划的人生是蓝图，宏伟清晰、引人入胜，能给迷惘的人指引方向。的确，脑中有蓝图，脚下才有通途，脚步铿锵有力不纷乱，是因为脑海里有清晰的愿景，有明确的方向，有实现目标的路径。稻盛和夫认为，在行动之前，事先看到结果，预想每一个步骤，让每一个环节以高度逼真的状态呈现在脑海里，就能提升人的信心和斗志，使梦想无限贴近现实，直至梦想成真。

京瓷在开发新产品时，稻盛和夫提前看到了产品的完美状态，致力于在性能、规格、细节方面精益求精，所以总能创造出近乎完美的产品。有时候，稻盛和夫还能以前瞻性思维预测某个行业的发展，预知某种新产品的潜在需求，对所有的细节了若指掌，就仿佛穿越到了未来一样。这种超凡的预见能力，赋予了京瓷技术领先的优势，也是京瓷领跑新型陶瓷的重要法宝。

大多数企业家在制定企业规划时，脑海里只有一个模糊的愿景，就好像海市蜃楼一样，连自己都不相信这种模糊不清的愿景能转化成现实。由于信心不足、思路紊乱，在具体执行的过程中，往往会走很多弯路。稻盛和夫从未犯过类似的错误，原因在于，他脑中的蓝图既不是模糊一团的幻觉，也不是镜花水月一般的存在，而是清晰可感的，就像未来的图景投射到了现在的画布上一样，人只要按照蓝图的路径稳步前进就可以了，根本不用担心迷失，愿望的达成就这么简单。

第二电信进军手机市场时，稻盛和夫提前预言了手机时代的到来。当时大多数人都不相信，觉得稻盛和夫的观点比天方夜谭还可笑。董事们听了稻盛和夫的想法，都笑着摇头。稻盛和夫却对自己的预言深信不疑。他认为在不久的将来，人人都会匹配一部手机和一个电话号码，手机将作为一种大众化的产品在市场上流通。他提前看到了人们拿起手机打电话的场景，看到了手机普及的美妙图景，甚至看到了手机的尺寸和价格标签。稻盛和夫激动不已，在众多企业毫无反应的时候，率先进驻到了手机领域。

由于京瓷广泛接触半导体零部件，稻盛和夫对半导体的技术革新反应非常敏锐，对市场的预测和成本的估计也无比准确。所以在手机这一新鲜事物还没有大批量生产的时候，他已经估算出了通话费用及其他服务的价格。等到手机业务正式开展以后，事业部长惊奇地发现，稻盛和夫预测的费用居然与实际费用基本相符，不禁对他肃然起敬。

众所周知，亦步亦趋地追逐风潮的人，永远比不上先知先觉、具备超前思维的人。因为思想超前，才能行动超前。要想涉足别人从未踏足过的领域，取得史无前例的成就，就必须具备精准的预见力，必须拥有坚定的信念和对成功的渴望。

其实，天才性创想、清晰可见的蓝图，是经验和幻相结合的产物，积累了丰富的行业经验，思维就能超出时空的限制，穿越时空隧道，洞悉未来，对相关产业的未来图景进行相对客观的描述，这是一个自然而然的过程，像瓜熟蒂落一样。那么有预见未来的能力，是否就一定能走在时代前沿呢？不一定。预见未来和引领时代是两码事，只有渴望伫立时代急流的人，才能成为领军人物。没有强烈的渴望，没有孜孜不倦的追求，预见和幻想哪怕再激动人心，终将成为虚无缥缈的幻影。像幻想家那样爱做梦，像预言家那样能洞穿未来，像实干家那样脚踏实地，方为真正的成功之道。

灵感青睐于勤于思考的人

人们常以为创意和灵感只会青睐于聪明的大脑，缺乏天赋的人永远不可能产生惊世骇俗的奇妙幻想，更不可能激发潜能，获得常人无法企及的成就。事实却不是这样。灵感是捉摸不定的，它产生于电光石火的刹那，只有勤于思考的人，才能捕捉到灵感的火花，并激发出别出心裁的创想。古人作诗常常是妙语偶得，浑然天成；科学家忽然产生了新的想法新的思路，犹如天启一般，情境高度类似，比如元素周期表是门捷列夫在梦里发现的。所以，稻盛和夫说，醒也想，睡也想，时时刻刻保持思考，让强烈的愿望持续长久，方能灵光乍现，找到实现梦想的途径。

在稻盛和夫看来，如果愿望足够强烈，足够持久，不间断思考，那么灵感就会在头脑中形成创意的图形。稻盛和夫认为，废寝忘食地思考，不知疲倦地求解答案，是创想产生的基础。让想法在头脑中反复碰撞、推演，使之与现实重合，就能取得令人满意的成果。

人们常说成功青睐于有准备的人。同理，灵感也青睐于有准备的大脑。聪明并不是灵感产生的必要条件。善于思考，喜欢开动脑筋的人，即使不是聪明绝顶的，也有可能激发灵感，取得傲人的成就。人类的思想宝库并不是只有天才能打开，正所谓“智者千虑，必有一失；愚者千虑，必有一得”，凡人千虑终有一得，夜以继日地思考，穷尽一切可能性，也许会豁然开朗，瞬间找到自己的指明灯。总之，勤于思考的人更容易找到方向和出路。

稻盛和夫在接触U形绝缘体时，遇到了一个技术难题，即不知道如何让镁橄榄石粉末定型。因为镁橄榄石粉末缺乏黏性，质地松脆，很难将它定型。如果填入黏土，便能解决成型的问题，但黏土中的杂质将混入产品，会影响产品的纯净度，进而影响产品的性能。为了解决这个棘手的问题，稻盛和夫整天冥思苦想，不知耗费了多少脑力。

有一天，稻盛和夫走进实验室，满脑子充斥着镁橄榄石定型的想法，走路有些心不在焉，结果脚底一滑，被地板上的容器绊了一下，险些跌倒。稻盛和夫连忙挣扎着站直了身体，不高兴地咕哝道：“谁把东西放在这里的？”他抬起鞋子，发现鞋底粘上了一层松脂般的东西，定睛一看，正是前辈做实验使用的松香。他盯着松香愣了几秒，忽然兴奋地大叫了起来：“就是它！”原来松香就是给镁橄榄石粉末定型的绝佳黏合剂，他苦苦思索而不得的东西，居然这么容易就找到了。

灵感的涌现是那么猝不及防，稻盛和夫激动得无以复加。他马上把纯净的松香加入镁橄榄石粉末原料中，然后放入锅具中加热，再把混合物装入模具定型。混合材料放入炉中烧结后，松香全部烧尽，一点杂质都没留下，效果非常理想。取得成果以后，稻盛和夫琢磨着把自己的研究写入论文发表，但很快就得知橄榄石陶瓷合成的论文已经在权威杂质上发表了。他特地聆听了论文作者的演讲，结果发现对方的方法并不能直接应用到工业上。事后，他和论文作者见了一面，谈到了自己的创意和研究，对方大为赞赏，后来也加入了京瓷。

大脑就像人体内的肌肉组织一样，越用越灵活，只有得到充分锻炼，它的灵敏度和反应能力才能增强，它的创意能力才能被开发出来，奇思妙想才能源源不断地产生。拒绝思考，天赋之花就会枯萎，灵感就会遁形，思路就会越来越窄，思维会越来越古板，人也会变得僵化刻板。所以要想激发潜能，必须让自己具备思考力，绝不能用战术上的勤奋掩盖战略上的懒惰，遇到棘手问题必须认真思考，并时时想着愿望的实现，这样才能让自己的能力在思考中得到提升，让了不起的非凡创想改变生活。

预想成功，心想事成

每个人都曾有过色彩斑斓的梦想，每个人都期望心想事成、梦想成真，但当梦想照进现实，人们会不约而同地停止做梦，并终止所有的努力。大多数人的梦想不能成真，不是因为梦想遥不可及，也不是因为自己的资源、能力有限，而是因为随着年龄的增长，他们越来越羞于憧憬梦想、描绘梦想。梦想似乎成了年少轻狂的产物，被诠释成了与现实格格不入的幻影，成熟的人不屑于提起，实干的人不屑于描绘。那么过了做梦的年纪，仍然心怀梦想，渴望成功，难道有错吗?

稻盛和夫认为人生不能没有梦想，有梦想才能开创美好人生，心怀远大理想是没有错的。要想实现超越自身实力的宏大愿望，需要有一个了不起的梦想，并对它怀有热切的期盼，进而在它的激励下一步步走向成功。有人说整天应付生活日常就已经精疲力竭了，哪有闲情逸致空谈梦想。对此，稻盛和夫说，人必须超越庸常，树立崇高的目标和远大的理想，才能发挥潜能，干出一番惊天动地的事业。自创立京瓷开始，稻盛和夫便不断向员工灌输企业的梦想，不厌其烦地向大家描述公司的未来图景，久而久之，员工们不遗余力地为了同一个梦想奋斗，结果促成了京瓷的崛起。

无论你是企业家、经理人还是普通的工作者，都不要轻易嘲弄梦想。梦想不是白日梦，它是成功的助推器，更是企业和个人腾飞的跳板。梦想越大，你弹跳的空间越大，取得的成就也就越大。梦想不怕太大，只怕不够清晰，让梦想具体化、形象化、可视化，便能步步为营地接近目标。稻盛和夫说，无论年纪多大，都可以描绘未来光明的图景。梦想无关年龄，仅在于你的愿望是否热切，你是否愿意为了梦想倾尽全力、付出所有，直到它变成美好的现实。

稻盛和夫的梦想是提升心性，拓展经营，为全人类做贡献，不可谓不宏大。由于他的理想太过崇高和伟大，在实践过程中，遭受了不少不友好的揣测，奋斗的路上举步维艰。当年以 78 岁高龄零薪酬接管日航，他不只想让日航起死回生，还想保住3.2万员工的工作，让这家死气沉沉的航空公司焕发出新的生机，并获得强有力的竞争优势，进而为国民经济助力、为社会做贡献。外界听到风声，不仅不以为然，还嘲笑他是个外行，乱弹琴，并预言日航将迎来第二次破产。

稻盛和夫的梦想和现实确实存在巨大差距。当时日航随时面临土崩瓦解的危险，能留存多久尚且是个未知数，更不要说保持竞争优势，为旅客、为社会提供高附加值的服务了。稻盛和夫并非不了解现实，但他仍不改初衷，坚持向员工描述梦想。员工渐渐被感染了，他们经历了从抗拒排斥到欣然接受再到为之奋斗的心路历程，全体员工一起努力，托起了日航的明天。在短短一年时间里，日航实现了扭亏为盈，利润高达1884亿日元，其服务和口碑遥遥领先于全球数百家航空公司。

人常说，千里之行始于足下，成功始于行动。但行动需要梦想的指针作引导。构筑梦想是成功的开始。任何时候，都不要剥夺自己做梦的权利。也许现实让人灰心失望，按部就班的生活让人渐渐变得麻木不仁，让人不敢期待，不敢相信梦想。即使这样，也不能放弃。

如果你错过了群星，请不要唉声叹气，否则就会错过月亮。如果你错过了年少的梦想，没能如愿以偿，请不要颓丧，从现在开始，为梦想奔跑，哪怕华发已生，哪怕人到中年，哪怕英雄迟暮，只要心怀梦想，只要热血没有冰封，人人都有机会，人人都有希望重拾梦想，奔向辉煌灿烂的明天。

梦想就像希望的火种，即使再微茫，也有成就燎原之势的能量；拥抱梦想，让梦想点燃人生，便可与日月同辉；大声说出你的梦想，为梦想歌唱，为梦想助力，你就能拥有一个风风火火、轰轰烈烈的人生，成功到达心驰神往的地方，活成自己想要的样子。

缺乏经验也是一种优势

经验是一笔财富，有时候它能转化成资产，促进潜能的发挥。有时候它是一种束缚，会禁锢人的想法，抑制想象力和创造力，遏制人的潜能。所以稻盛和夫说，在某些情况下，外行反而更有优势，缺乏经验是一件好事，至少能让自己有更多的探索机会，发掘更多的可能性。然而相比于知识渊博、经验丰富的专家，外行的知识结构是不完整的，经验少得可怜，遇到问题很有可能不知道从何入手，短时间内找不到切实可行的解决方案，只能误打误撞碰运气。因此，人们更信任专家，不愿意给外行尝试的机会，只有稻盛和夫这种天性乐观的人，才看好外行的潜力。

常言道，术业有专攻。各行各业对经验都有一定的要求，资历越深、经验越足，通常越受欢迎。那么这是否意味着只有专家才能成为行业内的佼佼者，没有经验的年轻人将永远不具备与之角力的资本呢？不是的。权威人物的见解、主张只能代表某个领域某一个阶段的发展水平，正所谓长江后浪推前浪，可畏的后生很有可能超越权威，依靠前所未有的创意性思维推动社会向前发展。没有经验的后生未必不能出头，他很有可能是支潜力股。

稻盛和夫认为，缺乏经验更有利于开展创意性工作。没有经验，就不会犯生搬硬套的错误，更不会踩着别人的足迹走路，由于不走寻常路，可能会获得意外的收获。更紧要的是，外行有更多自由想象的空间，因为不受惯性的影响，思维通道比较开阔，想象力天马行空，更有利于诞生新奇的点子和创意。的确，对于研发行业和创意产业来说，缺乏经验不但不是一种不可弥补的劣势，反而是一种天然优势，只要善于利用自己的优势，就有可能在业内取得突破性成就。

京瓷成立几年后，有一家企业委托其生产欧美市场的新型陶瓷。那家企业起步很早，规模庞大，订单像雪片一样源源不断飞来。社长说由于业务繁忙，企业不得不把某些项目转交给其他公司来做，希望京瓷帮忙分担压力。稻盛和夫认为，该企业完全有能力独当一面，委托京瓷生产新型产品，有偷艺之嫌，于是断然拒绝了对方的请求。

那家企业的社长被看破了心思，便不再浪费唇舌解辩，于是坦率地道出了自己的困惑。自己的公司专业人才云集，名校高才生比比皆是，可是花费了很多财力、物力，也没研究出什么成果。京瓷没有一个学陶瓷出身的博士生，京瓷的社长稻盛和夫毕业于普通的地方大学，专业是有机化学，基本算是外行。可让他奇怪的是，京瓷这样由外行人员组成的公司，能研发出尖端的技术产品，而自己的公司却止步不前，研发不出新东西。

稻盛和夫听后，仔细想了想对方的问题。他觉得京瓷成功的秘密就在于大胆起用外行人员。外行不被成见、经验束缚，敢于冒险，敢于挑战新事物，更容易在新领域取得成功。

马云不懂互联网，却创建了中国最大的电子商务平台——阿里巴巴；摩西奶奶 76 岁之前没有接触过绘画，却不妨碍她在艺术界声名鹊起；稻盛和夫是学有机化学出身，却在无机化学领域取得了无数的成果。可见，有时候外行比内行干得更出色，做得更精更专。入行门槛并非不可跨越，虽说隔行如隔山，但行业的壁垒还是可以被打破的，任何时候都不要人为地限制自己的发展，没有经验、没有资历，并不是自己踟蹰不前的借口，只要有决心，对成功充满渴望，拥有不亚于任何人的创造力和想象力，就能突破世俗的樊篱，赢得更好的发展。

起步迟不要紧，平时注意观察，用心思考，让想象自由驰骋，给自己预留更多的创意空间，也许不经意间就能发现“新大陆”，不知不觉便改变了一个行业，改变了一个时代。内行仅仅意味着熟能生巧，并不代表不可超越；外行不按套路出牌，常有惊人之想，反而更容易后来者居上，到达内行到达不了的高度。所以不要小看外行的潜力，因为谁也不能预测一个懵懂无知的外行日后能到达怎样的高度，取得怎样的成就。

把信念植入潜意识

根据弗洛伊德的理论，人的意识不过是浮在水面上的冰山一角，而海平面之下看不见的部分才是主体，它是由潜意识主宰的。也就是说神秘的潜意识主导人的精神世界，无形中控制着人类的行为和其他活动。所以，唤醒潜能，必须从潜意识层面入手。稻盛和夫认为，运用好潜意识，把强烈的信念一遍遍植入进去，就能产生不可思议的力量，取得意想不到的成果。在工作中科学地使用潜意识，比时时刻刻利用显意识更有效，潜意识的愿望足够强烈，灵感就会乍现，把愿望渗透到潜意识，大脑和身体便会被驱动，指导自己做出正确的行动。

在大多数时间里，潜意识是不显山露水的，以至于平时我们都无法感知它的存在，更不了解它所蕴含的巨大能量。只有自己萌生下意识的想法或者做出下意识动作时，我们才能模模糊糊地感知到潜意识的力量。可惜我们仍然对它知之甚少。事实上，潜意识并不像人们想象得那么玄妙，它的运作符合心理学的一般规律，只要反反复复地向自己灌输某种信念，使之深植于自己的大脑和心灵，那么有一天潜能就会被唤醒，我们将在一夜之间脱胎换骨，变成了不起的巨人。

曾经有位母亲运用潜意识的力量举起上吨重的汽车，挽救了生命垂危的儿子；曾经有个叫阿甘的残疾人，运用潜意识的力量甩开了腿部矫正器，跑出了旋风般的速度；曾经有一个瘦弱的拳击手，运用潜意识的力量击败了无数重量级选手，成功问鼎拳王宝座。由此可见，潜意识是多么令人震撼。学会运用潜意识，比喝一千碗鸡汤，高喊一万遍口号还管用，掌握潜意识的秘密，就能释放潜能，赢得成功。

京瓷每次挑战新领域时，大都缺乏相关的技术和条件，但稻盛和夫却始终满怀信心。他认为把原有的技术应用到新领域，也能开花结果，获得预想中的成功。然而现实脱离了稻盛和夫的掌控，京瓷的技术水平无法达到新领域的要求，京瓷储备的人才与新领域要求的资质相去甚远，为此，稻盛和夫非常苦恼。他每天都在思考如何专研新技术，如何发掘高端人才。

有一次参加聚会，稻盛和夫又想起了选拔人才的事情，于是恳求朋友把合适的人才推荐给自己。那位朋友恰好认识一名技术精湛的高端人才。稻盛和夫很高兴，马上聘用了他，新事业这才得以开展。表面上看，稻盛和夫于茫茫人海中找到合适的人才，完全是靠朋友帮忙——他在恰当的时候结交了恰当的朋友，而那位朋友的社交名录上恰好有一位高级知识分子，且能为京瓷所用，一切全都是出于偶然。但事实上，偶然之中存在着必然，正是因为稻盛和夫不停地思考寻找人才的事情，把找到人才的念头深深植入潜意识，才能在聚会上不经意地谈到此事，才避免了让理想的人才从自己眼皮底下溜走。

有的人喜欢把信念压在心底，有的人喜欢把信念写在纸上，有的人喜欢把信念挂在嘴边，然而最明智的做法是把信念植入潜意识。看过《盗梦空间》的朋友应当知道，把信念悄无声息地植入潜意识，将在很短的时间内全面改变一个人。因为，潜意识能在极短的时间内重新塑造人，也能在猝不及防的瞬间，收到“于无声处听惊雷”的戏剧效果。所以，从某种意义上说，学会运用潜意识，便掌握了开发潜能的方法，将使自己的潜力得到最大限度的开发。

其实，每个人都是一座宝藏，每个人都有无限的潜力，好多人庸庸碌碌、无所成就，多半是因为潜能处于沉睡状态，不能被有效利用。若是掌握了潜意识的密码，成功把信念植入进去，那么任何一个平庸者都有希望获得成功。

没有东风，就借风借力

人们常用“万事俱备，只欠东风”来形容重要条件的不可或缺性，也就是说时机不成熟、条件不具备，就难以成事。那么这是否意味着没有条件，就只能消极地等待，什么事都做不了呢？当然不是。哲学家说，人是有主观能动性的，没有条件可以创造条件，没有东风可以借风借力。“有志者事竟成”，客观条件并不能限制人的发展。

稻盛和夫相信人的主观能动性，所以总能在艰苦的条件下做出成就。无论客观世界多么残酷，环境多么恶劣，他所掌握的资源、设备、技术多么有限，他都没有气馁过。有人说，巧妇难为无米之炊，没有条件创造条件是唯心主义的说法，在现实中难以执行。稻盛和夫的事迹却告诉我们，在万事都不俱备，也没有东风的前提下，仍然有希望取得成功。稻盛和夫是在一穷二白、赤手空拳的情况下创建京瓷的。

没有资金，他便找投资人筹集；没有人才，他便把志同道合的同事发展为合作伙伴；没有销售渠道，他便自己搭建。他从来不去强调客观世界有多少阻力，而是尽最大努力争取，尽可能地自己创造条件，以弥补种种不足，慢慢填平梦想与现实的沟壑。

真正的强者从来不会被动地等待东风的到来，而会想方设法借风；真正的勇者不会等到时机成熟之后才采取行动，而会捕捉合适的契机迎难而上；真正的智者不会困守于条件的不足，而会以积极的行动改变自身的处境，克服现实世界的困窘，跨越重重障碍，抢先赢得胜利。

京瓷成立之初，规模小，知名度低，订单很少。稻盛和夫非常珍惜与其他企业合作的机会。每次接到订单，都会尽最大努力完成。那时公司连设备都没有，只能向其他厂家借用，要等到对方下班了才能开工。第二天，需要在对方上班前把设备原封不动地还回去。这样，京瓷生产的时间就变得十分有限，为了如期交付产品，全体员工必须通宵苦干。

那段日子里，稻盛和夫天天不分昼夜地赶订单。后来公司有了生产设备，但随着产业的升级，现有的设备已跟不上时代的形势，且缺乏高精度的检测仪器，稻盛和夫受到不小的考验。由于资金不充足，他没办法更新设备，也没有钱购买仪器，遇到技术问题，只能用成本最低的方法来解决，即使在这样的情况下，京瓷依旧完成了大公司不敢承接的订单，创造了一个又一个奇迹。

等待东风从天而降，往往会错过最佳时机；等待时机成熟再发起行动，往往会与大好机遇失之交臂；等到万事俱备再执行计划，新领域早就被别人捷足先登了。过于被动、过于依赖客观条件，往往什么事情都做不成。人只有突破现实世界的限制，努力发挥潜能，才能在所有条件都不具备的情况下，创造美好的未来。

在条件优越时，人的潜能大多是发挥不出来的，因为不需要超常发挥，就能轻而易举地达成目标。在物资匮乏、缺乏条件时，人的潜能往往能在巨大的压力下迸发出来。所以，没有条件创造条件，并不是自欺欺人的空话，因为残酷的环境会逼迫人想办法，迫使人穷尽一切可能来解决问题。

借风借力，是善假于物的表现，是一种高级智慧，也是普通人走向成功的重要途径。荀子说："假舆马者，非利足也，而致千里；假舟楫者，非能水也，而绝江河。君子生非异也，善假于物也。"由此可见，如果不能凭空创造条件，借助外物便是变相的创造。人不能飞，却能借助飞机遨游云端，同样，在条件不具备的情况下，借助外物也可扭转态势，利用借来的梯子一样也能爬上事业的顶峰。

勇敢接受未知的挑战

敢于挑战自我的人，往往更容易释放潜能。而敢于挑战未知领域的人，往往更容易取得超凡成就。因为未知领域是一片蓝海，鲜有人涉足，谁率先闯入，谁就能占据不可撼动的领先地位。这是显而易见的。然而，为什么人们大都喜欢蜂拥到熟悉的领域掘金，而不愿意踏足未知领域呢？原因有两个：一是受从众效应的影响，大多数人会盲目地随波逐流，不愿意单枪匹马闯荡；二是人们不愿走出心理舒适区，只想待在熟悉的环境里，不想承受压力及面对不可预知的风险。

人们排斥未知事物，长期待在熟悉的环境里打转，很难有所长进，潜能无法得到发挥。这恐怕是平庸者占据人类大多数的根本原因。事实证明，只有敢于进军未知领域的勇者，才能成为行业的翘楚。不敢第一个吃螃蟹，失去的不仅是口福，还有机会。有些机遇一生只能遇到一次，把握住了，就能改写命运，把握不住，将成为永生的遗憾。稻盛和夫走向成功，靠的不是阴差阴错的运气，也不是无可匹敌的傲人资本，而是敢于接受未知挑战的勇气，敢为天下先的魄力。在电器尚未全面普及的时代，他选择了少有人了解的新型陶瓷领域；在手机没有进入市场之前，他率先拓展生产制造手机的业务；后来，他又破天荒地研发了人造关节。京瓷的每次产业升级，都是稻盛和夫主动迎接未知挑战的结果。他不喜欢在熟悉的领域原地踏步，于是不断挑战未知，把京瓷成功带上了多元化发展道路，也将自己的事业越拓越宽。

诚然，接受未知挑战，好比在刀尖上起舞，在荆棘丛里蹒跚学步，要直面恐惧，承受难以想象的压力，不是所有人都能做到的。但是一旦鼓起勇气挑战成功，就能瞬间实现华丽蜕变，这是任何稳妥方案都无法比拟的。

在多元化道路上，京瓷的生意越做越大。后来和德国的陶瓷制造商合资，打入了欧洲市场。稻盛和夫到德国出差的时候，特地参观了奔驰公司，在工厂里，他看到了切割金属的高速车床，猛然发现车床的刀片是用陶瓷做成的。那时日本车床配置的刀片材质皆为超硬合金，切割速度快，效率高，但由于摩擦生热，刀片磨损严重。陶瓷耐热性好，比合金更适合作高速车床的刀片，稻盛和夫认为用陶瓷代替合金做切削工作，一定会改变日本的工业和制造业，将来会大有可为，于是引进了德国的技术。

当时日本制造业发展缓慢，工厂里没有多少高速车床，大部分车床旋转速度都较为缓慢，新研发的陶瓷刀片安装在速度缓慢的车床上，易出现豁口，所以这项技术一时无法在日本普及。又加上国内普遍采用超硬材质的材料做车床的削割工具，几家大厂商已经建立起了四通八达的销售网络，京瓷想要利用新技术打开市场，难度非常大。

为了营建销售网络，稻盛和夫好不容易找到的合作伙伴，对方却由于受到石油危机影响，拒绝代理销售京瓷的产品。稻盛和夫只好在全国各地开办营业所，寻找潜在的合作对象，到处物色代理点、特约店。与此同时，京瓷加快了研发新型车床工具的步伐，制造出了硬度良好且具备耐热性的金属陶瓷产品，打开了日本市场。金属陶瓷削割工具问世以后，在日本大受欢迎，使京瓷又一次走在了同行的前面。

在众人熟悉的传统行业苦干，很难有所作为。未开发的新兴领域往往潜藏着巨大的机会，第一个英勇进驻的人，必然收获颇丰。然而作为未知领域的开拓者，没有现成的经验汲取，没有现成的道路通行，只能自己摸索，一旦失足，可能会付出很大的代价。客观来说，进入未知领域，机会和风险并存，采取行动之前，最好进行利弊分析和综合权衡，有了一定把握之后，再按照计划执行。

打开思维之门，让创意涌现

大多数的孩童都有惊人的想象力和创造力，想法不拘一格，可成年人的思维几乎千篇一律，这是为什么呢？原因在于，随着年龄的增长和经验的累积，成年人深受定式思维的影响，难以产生创新性想法；再者，成年人不再有童真和好奇心，求知欲、探索欲减弱，思维长期被禁锢，产生好创意、好想法的概率也就大大降低了。

成年人的创想和潜能是很难被释放出来的，因为封闭的思维之门不容易打开。在工作场合，人们习惯了循规蹈矩，很少有人愿意冒险越雷池一步，因此创意的火花便很难涌现。那么怎么才能改变这种局面呢？稻盛和夫认为，不断改善工作方法，不断更换思路提升工作效率、工作质量，把最简单的小事做好，慢慢改变僵化思维，日日钻研创新，便能促成巨大的飞跃。譬如，大多数人会用扫帚清扫，换个工作方法，改用拖把试试，如果拖把扫地的效果不理想，可以改用吸尘器。只要开动脑筋，简简单单的扫地工作，也能琢磨出好多种省时省力的方法。每一次改进，都是一种突破，也是一种创新。等到找到了最佳的打扫方法，可以考虑自己开办一家保洁公司。所以，一个普普通通的清洁工，只要乐于创新，也能开创属于自己的事业。

无论做什么事情，都要养成一种自我精进的习惯，还要学会培养自己的发散思维，思考一下同一种工作有多少种执行方法，目前采用的方法是不是最恰当的，还有没有改进的空间等。千万不要因为懒惰而故步自封，要主动跳出狭隘思维的怪圈，不断加长自己的思维半径，在孜孜不倦的探索中捕捉创意和智慧，以优化自己的工作。

京瓷创立半个多世纪以来，不断推出创新产品，业务范围越来越广泛，最初生产的产品只应用到各行业的陶瓷零部件上，后来扩大到了半导体电子领域，之后又拓展到了太阳能新能源领域、医疗领域、电信领域、宾馆行业。京瓷成了业务庞杂的综合性企业，掌握了很多行业的技术。然而每次进驻新领域，京瓷对相关产业的发展都几乎是一片空白，员工对相关产品并没有太过深刻的认识，在研发阶段遇到了无数困难。

面对这种情况，稻盛和夫一点儿都不急躁，他经常鼓励员工从日常小事做起，天天琢磨创新，循序渐进地增强自己的创造力。他本人身体力行，平时扫地也在研究创新。有段时间，他打扫车间时，总是挥舞着扫帚从左向右扫，后来改变了清扫方式，从周围向中间扫。通过这件事情，他教导员工要勤动脑筋勤思考。在稻盛和夫的鼓励和引导下，京瓷的研发人员不仅致力于开发新产品，还每天琢磨如何利用新型陶瓷的性能和优良特性，发展出更广泛的用途。由于公司创新氛围浓郁，新型产品层出不穷，京瓷的事业得以蒸蒸日上。

其实，创新并没有人们想象的那么困难。创新的种子就埋藏在日常生活和工作中。思维固化了，但仍然具备创意的能力。世界上大部分发明和新产品，都是成年人创造出来的。所以我们不能轻易地说，成年人的创新能力被完全扼杀了。任何一个渴望求新求变的人，都有可能创造出崭新的东西。最为可怕的是人们不愿意改变，不愿意耗费脑细胞，只想着按照旧有的思路做事，长此以往，大脑将一片空白，什么想法都没有了。因此，要想创新，不仅要克服惰性，还要激发自己的好奇心和好胜心，让自己在改善方法、改善工作的过程中，拥有更多的新鲜体验，这样才能让创意不断涌现。

第九章　目标管理：目标贵在明晰，人生贵在经营

设立目前力所不及的目标

目标对于行动的导向作用不言而喻。它就像大航海时代的罗盘，没有它的存在，人类将在茫茫海域迷失方向，无法完成环球航行的壮举；它又像永恒不变的北极星，为黑暗中前行的人指明了方向。那么是否有了目标，果断采取行动，就一定能成功呢？当然不是。只有合理的目标，才能被实现。

什么样的目标才是合理的目标？有人认为触手可及的目标是合理目标，因为它一定能转化成现实。有人认为宏大的目标是合理目标，因为但凡成大事者都喜欢设立大目标，不屑于为小目标奋斗。有人认为跳一跳恰好能够得着的目标是合理目标，因为它既不是轻而易举就能达成的，也不是可望而不可即的；既切合实际，又能促使自己晋级。稻盛和夫说："相信自己的可能性，给自己设立一个超出现有能力的高目标，竭尽全力在未来某一时刻达成这个目标。""这样做不仅能获取成功，而且可以提升自己的能力。"也就是说，目标不在于宏大还是渺小，不在于看似高不可攀还是近在眼前，也不在于跳起来能否恰好够到，关键在于你是否相信自己未来的潜力，敢不敢设立目前

力所不及的目标，能不能不断提升自己，不断向目标靠拢。

普通人设立月薪过万的目标拼尽全力尚不能达成，王健林却可以在谈笑之间实现一个亿的小目标，这足以说明目标能否实现并不取决于它的高低、大小。一个人能不能成功实现目标，要看他的自信心和潜力。有的人落魄潦倒，只是暂时不得志，并不代表一辈子潦倒；有的人年少得志，小有成就，并不代表一辈子顺风顺水。所以设立目标，不能只看眼前，而要考虑将来的发展趋势。现在做不到的事，也许未来某个时点能够做到；现在力不从心的事，也许未来会处理得游刃有余。定目标时千万别给自己设限，这样，人生便有无限可能。

京瓷成立伊始，稻盛和夫便在庆功宴上定下了无数的目标，他说公司先要争取成为原町第一，然后成为西之京第一、中京区第一、京都第一、日本第一，最后跃升为世界第一。那时京瓷只是一个不知名的小厂，员工只有 28 名，无论以哪个指标衡量，在地区都排不上名次。大多数人都没听说过新型陶瓷，对相关产品一点儿概念都没有。想让京瓷成为商界黑马，一步步坐上世界第一的宝座，在当时的情况下，多多少少有点儿自不量力。内行人听了，恐怕会对稻盛和夫设定的目标嗤之以鼻。稻盛和夫却并不认为自己的想法不切实际，因为他是以将来时来看待京瓷的发展的，他深信自己有能力带领员工把京瓷推向世界第一的位置。

当年，稻盛和夫每天疲于赶订单，无暇顾及太多，甚至没有时间为企业制定战略规划。即便这样，他仍然强调京瓷要成为世界第一企业。每次聚会，他都要反复谈及这个目标。起初，员工们并不相信京瓷有朝一日能成为世界第一，都认为稻盛和夫是异想天开，但他们听了几十遍这种想法之后，渐渐就相信了稻盛和夫，觉得京瓷将来一定能做到。稻盛和夫说："虽然工厂现在规模很小，设施简陋，但大家应该志存高远才对呀。"靠着这种信念，京瓷走过了一个个春夏秋冬，最终成了世界一流的大企业。

"瞄准天空的人，总比瞄准树梢的人射得要高。"以现在的能力和射程为基准，虽能百发百中，却不能让自己取得更大的成绩，而以将来的能力和射程为基准，则能到达无限高度。过去，人们不敢妄想伸手触到云端，但随着科技的进步，载人航天器已经问世，人类探索太空已然成为可能。可见，设立力所不及的目标，也有希望把它变成现实。

让目标感为你的人生领航

"对于一艘没有航向的船来说，任何方向的风都是逆风。"的确，没有方向感，就无法到达目的地，前进的道路上，处处都是阻力。人生亦如此。没有目标，就不知道朝哪个方向努力，所有的付出都会变得毫无意义。没有目标，就好比船舶在海面上漫无目的地流浪，永远找不到码头；又如利箭以散乱的方式向各个方位射出，永远射不中靶心。也就是说，一切的努力都将变成无用功。

目标就像导航仪，可以为你的人生领航。研究表明，有明确目标的人，往往事业有成，生活美满；目标模糊的人大都十分平凡，成不了业界的精英；而完全没有目标的人，人生轨迹将一片混乱，大部分时间都在贫困绝望中度过。可见，设立目标，尤其是明晰的目标，对人生的影响有多大。

稻盛和夫是一个非常有目标感的人，作为科研人员，他的目标是研发出高端优质的新型陶瓷产品；作为卓越的企业家，他的目标是把京瓷做成世界第一的跨国集团企业；作为哲学家，他的目标是提升心性，磨砺灵魂，不断汲取智慧，让自己的修为和思想境界不断得到提高和升华；作为一名慈善家，他的目标是为社会、为人类做贡献，让世界变得更美好。由于目标清晰明确，他的愿望全部达成了，人生非常完满。

现实生活中，像稻盛和夫这样的人并不多。很多人不知道自己想要什么，也不知道该树立什么目标，时而想学习进修，时而想投资创业，时而想成为公司的中流砥柱，时而又想放飞自我，远离功名利禄的诱惑。这也是许多有才华的人沦落为平庸者的重要原因之一。

创业之初，稻盛和夫树立了一个非常远大的目标，那就是让京瓷成为世界第一的企业。这个终极目标被分解成了好几个小目标，每个阶段的目标都是争取成为区域第一，然后逐级跃迁。当年，西京原町工厂林立，从火车站到京瓷驻地有好几家粗具规模的企业，相比之下，京瓷就显得无比弱小了。

稻盛和夫不考虑企业间的差距，不断向全体员工强调原町第一的目标，使每个员工都有了明确的目标。第一个目标达成后，他又采用同样的方式传达其他阶段的目标，反反复复强调："我们一定要成为日本第一的企业，将来还要成为世界第一的企业。"他从不描述虚无缥缈的愿景，也不像其他创业狂人那样用极富煽动性的话迷惑员工，每次下达任务时，他都会把企业的目标表述得清清楚楚，不用模棱两可的言辞，不说似是而非的话语，表达非常精准。因此，每个员工都清楚企业的目标，大家众志成城朝一个方向努力，一次又一次地把目标转化成了现实。

有了目标，不代表就有了目标感。人之一生，会树立许多目标，但制定过很多目标的人，未必有目标感。那么什么是目标感呢？心理学家希尔认为，目标感就是对人生具有指导意义的、宏大的、终身的目标。举例来说，一个人在学生阶段，制定过无数个学习目标；就业以后，制定过无数个工作目标；自主创业以后，又制定过无数个企业目标……但是如果他没有明确的终身目标，一直不清楚自己该追求什么，那么他就是一个没有目标感的人，这便意味着他不能从现有的成就中找到价值感，无法自我实现。

目标模糊，往往找不到目标感。拥有明确的阶段性目标，各目标各自独立，没有内在联系，也确立不了目标感。目标感与人的终极目标、终身追求有关，它可以指导人生的各个阶段，也可以贯穿于所有的阶段目标中。一般而言，一个有目标感的人，其阶段性目标会是逐层递进的关系，就仿佛拾级而上，一步步跨越更高的台阶一样，是步步为营地朝最高目标靠拢的过程。人要想有所成就，既要有明确的目标，又要有目标感，两者缺一不可，缺失任何一个要素，都有可能走错方向，抱憾终身。

两点之间最短的路程是曲线

数学定理告诉我们，两点之间直线的距离最短。但地球是圆形的，我们脚下的世界是一个弧面，两点之间的连线其实是一条弧线，要想走直线，从一点走到另一点，严格意义上讲，是不可能的。在现实生活中，我们的脚步丈量的是实实在在的路程，而不是数学概念上的距离，所以准确地说，行进时，两点之间最短的路程是弧线。不过这种说法也不是百分之百的严谨，因为地形地势的因素没有考虑在内，在山重水阻的情况下，绕道而行，更省力也更省时间，故而很多时候，两点之间最短的路程是曲线。

实现目标的过程，就好比从一个地点到达另一个地点，两点之间是以曲线连接的，想走直线几乎是不可能的，因为执行过程中，阻力是客观存在的。目标的达成不是一蹴而就的，企图以走直线的快捷方式直接到达目的地，就像无视喜马拉雅山的存在，从中国境内径直走向尼泊尔一样，是非常不现实的。在执行目标的过程中，会遇到很多困难，不可能事事顺利，之前制定的最优路线很有可能走不通，前方的道路可能曲曲折折，在这种情况下，就不要耗费心机寻找捷径了，要知道在客观世界里，捷径可能成为最远的路，而曲线才是最短的路程。

稻盛和夫是一个有计划、有头脑的人，目标简单明确，但每次执行目标都一波三折。这是为什么呢？有人认为可能是目标实现的难度太大，遇到的阻力太多。这是一部分原因，却不是全部原因。其实，任何目标无论难度系数如何，人们都不可能按照理想化的方式将它变成现实。因为客观世界不以人的意志为转移，总有些情况是你始料未及的。比如，你想沿着固定的路线健身跑步，忽然刮风下雨或遇到极端天气，目标就得中止执行；前方的某个路段在施工，路线就得改变。总之，你不可能按照原有的计划执行目标。

稻盛和夫深知这个道理，所以在与其他企业合作时，如情况有变，对方忽然退出，他会马上调整计划，以曲线的方式迂回地达成目标。新产品推出以后，假如市场的反应不如预期，或者遇到意想不到的情况，他会马上转换策略，步步为营地实现营销目标。

京瓷成功研发了人工牙根之后，继而投入到研发人工关节的工作中。以前，由于遭受意外事故或罹患骨癌等严重疾病，一些患者被迫剔除了自己的关节，成为行动不便的残疾人。稻盛和夫十分痛心，希望研发出人工关节帮助这些患者恢复正常的行动能力。有了目标之后，稻盛和夫马上展开了行动。京瓷接受了国立医院博士的指导，并和大学及医院的整形外科医生进行了沟通，开展了一系列的临床实验，研发工作十分顺利，一切步入正轨以后，出现了意想不到的情况。有人指出，京瓷在取得厚生省批准之前，便开展了人工关节的生产和销售工作，不符合药事法的规定。稻盛和夫受到了批评和指责。

稻盛和夫并不是一个急于求成的人。他取得资质之前开始人工关节的生产工作，完全是为了早点解除患者的痛苦。曾经有一名医生难过地说："患者因为疾病剔除了骨头和关节，非常痛苦，希望京瓷的人工关节能帮助他们。"京瓷的负责人表示等到取得了相关资质，就马上生产人工关节。医生着急地说："你们研发的医疗产品已经被应用到临床上了，肯定没问题，如果能早点儿生产的话，很多患者就能保住手脚了。"为了患者，稻盛和夫被迫违反了规定，提前生产了人工关节。社会各界并不知道事情的真相，舆论界对稻盛和夫进行了口诛笔伐。京瓷受到了停产一个月的行政处罚。事情过去之后，他没有放弃目标，继续生产陶瓷人工关节，最终让无数的患者重新获得了自由行动的能力。

京瓷实现目标的路径，不是幻想中的直线，而是真实存在的曲线。稻盛和夫明白，多数时候，曲线才是最优解，故而从不浪费时间寻找捷径，而是选择了稳扎稳打的方式把曲线走完，那些难以攻克的目标就这样被一一攻克了。

知道不等于做到，知行合一方为正道

古人讲求知行合一，但真正做到知行合一的人却很少。人都说知易行难，认清了道理，并不意味着一定能做到。以目标管理而论，认识原则是一回事，落实原则又是另一回事。由于各种各样的原因，"知" 和 "行" 是分离的，笃信原则的人未必能矢志不移地贯彻原则。

稻盛和夫说："原则是正确和坚强的源泉，但同时它也很容易被忽视，不时刻用它勉励自己，就会被束之高阁。正因为如此，必须时刻保持一颗反省的心，对自己的所作所为自省自勉。" 执行目标，原则不可或缺，没有原则的指导，行动就会变质，直接影响落实的效果，还有可能与初衷南辕北辙。一个严格自律的人、一个喜欢深度自省的人，在面临大事时，一般不会违背原则，但不能保证面对看似微不足道的小事，也能时时刻刻坚持最初的原则。

知行合一有一定的难度，知行不一致才是一种常态。每个人都是不完美的，很难一如既往地做正确的事，也许一不留神儿便犯下了知行不一的错误。在人生的关键时刻，坚持朝着正确的方向前进，秉持一定的原则，并不难做到，最为困难的是终身讲求原则，一辈子不偏离方向，大事小事上都能体现自己所捍卫的原则。所以，出现知行不一的情况时，不要太过懊恼，而要想办法改变和补救。深刻自省之后，要主动校正自己的行为，同时要自我勉励，争取杜绝类似的错误，尽可能地让 "行" 符合 "知" 的要求和范畴。

为了方便董事出行，京瓷特地给董事们配备了专车。有一天，有位董事想乘坐公司的专车回家，恰好营业部长急着用车，总务人员把车派给了后者。董事听说后勃然大怒，认为乘坐专车是公司高层才有的特权，营业部长根本没有资格。董事的言论传到了稻盛和夫的耳朵里，他便把那位董事叫到跟前训话："给董事配专车，是为了不让董事为出行这点儿小事费心，以便大家能更好地工作。急着回家的董事，有什么权力向奔波劳碌的营业部长发脾气？"

公车不能私用，这是稻盛和夫坚持的原则。为公司做事，董事有乘坐专车的优先权，但其他情况，便没有调派专车的权利，公司的车绝不能像私家车那样供人随意取用。稻盛和夫刚刚义正词严地批评了董事，没想到，后来自己也犯下了类似的错误。除董事外，稻盛和夫本人也配备了专车。第一辆专车，是小型摩托踏板车，由他本人亲自驾驶。第二辆专车是小型斯巴鲁 360，配置了一名司机。后来又换了一辆更宽敞的汽车。稻盛和夫每天早晨乘坐专车上班。

一天早上，司机把车开到稻盛和夫的住所，恰好稻盛和夫的妻子打算出门办事，稻盛和夫想让妻子搭便车。妻子拒绝道："如果这是私家车，我是可以顺便乘坐的，但它是公司的车，我要是坐了，岂不是公车私用？你不是不准公车私用吗？所以我还是自己走过去算了。"稻盛和夫一怔，这才意识到自己的错误，于是便不再勉强，只好目送妻子徒步远去。

知行合一，是需要用一生来践行的理念。"知"是认知基础，决定了行动的方向；"行"是"知"的落实，被践行过的原理和原则往往更具说服力，也更具指导意义。从某种程度上说，“知”和“行”是相互促进的，但两者之间存在巨大差距，知道不等于做到，要想让行动完全符合原则，就需要时时警惕，并付出许多努力，一旦发现具体的行动偏离了认知，要及时终止行动，把自己拉向原来的轨道，千万不要自欺欺人，更不能掩盖自己的错误。诚然，没有人能永远正确，在执行目标的过程中，每个人都会或多或少犯下错误，但犯错并不可怕，认真反思，及时纠错，尽量做到知行合一，做到无愧于心，才能把崇高的目标转化成现实。

有了目标，一定要逼着自己实现

“计划赶不上变化”，由于主观、客观的原因，有的目标可能中途搁浅，一时无法实现。那么这是否意味着可以任由自己的目标变成一纸空文，迟迟不去落实呢？当然不行。如果轻易就放弃原计划，轻易地向现实投降，便是在向自己释放一个消极的信号，即在强大的客观世界面前，渺小的个人是无能为力的，不是所有的目标都能达成的，不是所有的计划都能得到落实的，必要的时候，最好急流勇退、适可而止，免得付出更多的成本。这种现实哲学对个人发展是不利的，笃信它的人，遇到一点儿困难就会打退堂鼓，一辈子都不会有所作为。

稻盛和夫主张，有了目标和计划，一定要逼着自己实现，不管遇到多大的困难，都不能放弃。因为一次放弃，一次认输，足以挫伤人的自信心，导致日后频频临阵退缩，如此一来，便诸事不成。关键时刻，咬牙坚持下去，竭尽所能去攻克难关，就能激发出巨大的信心和勇气，日后便可能一路凯歌，节节胜利。

稻盛和夫认为，在执行目标的过程中，最好不要杞人忧天。在他看来，人们习惯事先透支明天的烦恼，总是为瞬息万变的形势担忧，预想各种失败的可能性，因此，采取行动之前，就已经被自己想象出来的恐惧打败了。这是许多计划和目标无法得以实现的重要原因之一。执行目标时，最好不要有任何顾虑，而要用强烈的愿望鞭策自己行动，提醒自己一定要完成目标，这样才能自我成就。

20 世纪 80 年代，稻盛和夫名下的第二电信企业进驻通信产业，与其他三家公司展开了激烈的竞争。第二电信没有行业经验，没有掌握相关技术，没有自己的通信网络，在竞争中处于劣势地位。其他三家企业都已经在公路、铁路等交通干线铺设了光缆，且有了一定的客户群，各方面都强于京瓷。在这种不利的情形下，稻盛和夫制定了一个目标，有朝一日一定要让刚起步的第二电信成为业界的领先企业。

在通信领域，第二电信不仅是个外行，而且力量薄弱，根本不具备与大企业叫板的实力。与大企业较量，就好比以卵击石。换作别人，一定会对自己的企业失去信心。稻盛和夫却不是这样，他认为只要自己的愿望是纯粹而强烈的，目标是清晰无误的，决心是坚定不移的，那么即便自己真的自不量力，也有可能实现看似不可能成实现的宏大目标。在重重阻力面前，稻盛和夫逼着自己一定要实现最初的目标，不给自己留一点儿退路，最后终于得偿所愿，把第二电信做成了世界五百强企业，使其在国内市场始终保持领先地位。

有的人认为，在进行目标管理时应该有所为有所不为，有选择地放弃某些目标，以便更好地优化自己的目标清单，根本没有必要将所有的目标逐一实现。这种观点虽有一定的道理，但是大多数情况下，人们很难做出正确的取舍，出于某些原因，一些重要目标很有可能被错误地清除，这种误操作很有可能影响自己的一生。从长远来看，谁也不能提前预知某个目标的实现对自己日后的发展会造成多大影响。所以，出于谨慎考虑，有目标便尽力实现，才是明智之举。试想一下，假如稻盛和夫做技术员时，随意地放弃一些研发项目，随心所欲地舍弃本该实现的目标，那么他便不可能掌握尖端技术，也就没有实力创办京瓷。任何一个目标的实现，都有可能对未来产生不可估量的影响，因此，不要轻易放弃任何目标，这样日后才不会后悔。

制定目标之后，不要给自己寻找任何借口，一定要把它变为现实。压力大、没信心、害怕失败等主观借口，都不能作为自己退却的条件。出师不利、困难重重等客观原因，也不能成为自己理直气壮放弃目标的理由。优化目标，提升效率，同样不能成为自己舍弃某个重要目标的借口。无论如何，有了目标，必须努力实现。只有这样，才能有一个良好的开端，才能在未来的道路上越走越远。

要有雄心，但不能有野心

做人要有雄心、有规划，但不能有野心。那么雄心和野心的区别是什么呢？一个人渴望成就一番事业，渴望实现自己的人生价值，渴望摆脱平庸，成就卓越，为社会创造价值，是有志向有抱负的表现，这就叫作雄心。一个人贪恋金钱和权力，喜欢支配别人，做事无原则无底线，欲壑难平，这就叫作野心。简言之，野心是为满足个人贪欲而制定目标，而雄心是为实现个人价值，渴望为社会做贡献而制定目标，二者的本质截然不同。

逆潮流而动阴谋复辟的袁世凯，是不折不扣的野心家；顺应民意走上历史舞台的曼德拉，是有雄心的政治家；囤积居奇的大商人吕不韦是野心家的代表，合法经营期望以一己之力改善人类社会的稻盛和夫是有雄心、有抱负的企业家。判断一个人是有雄心还是野心，可以从他的人生目标入手。比如，袁世凯的目标是当皇帝，一人权倾天下，不考虑苍生的处境；曼德拉的目标是实现种族平等，让不同肤色、不同信仰的人平等快乐地生活在同一片星空下；吕不韦的目标是不择手段地积累个人财富；稻盛和夫的目标是让高新科技产品更好地服务于人类，更好地改善地球环境。两相对照，高下立现。有雄心的人目标是崇高的，对自身对社会都有益；而有野心的人目标是低劣的、卑下的，只对个人有益，对他人、对社会则是有害的。

由于功利思想作祟，人们习惯了用成王败寇的法则衡量别人和自己，已经分辨不出人生目标的性质，致使自身的行为出现了严重偏差。想要改变这一状态，除了要正确区分雄心和野心外，还要重新评估、衡量自己的人生目标，及时遏制不正当的欲求，以免做出错误的判断和决定。

稻盛和夫作为一名商人，在经营过程中，经常要平衡企业利益和公众利益的关系。在制定企业目标时，也要考虑企业目标和社会效益之间的协调性。之前，在电信业，NTT巨头一家独大，垄断了市场，导致话费价格极高，广大消费者无法享受到价格低廉的通话服务，人与人之间的远地交流受到限制。稻盛和夫很想打破NTT的垄断地位，于是便琢磨着与KDD、IDO合并。

三家企业合并面临很多问题，首先是主导权的问题。是三家对等，还是由实力最强的企业主导呢？经过深思熟虑，稻盛和夫决定让第二电信主导三家企业合并，他这么做不是为了维护自己公司的利益，而是为了大局考虑。在三家企业中，第二电信业绩最好、管理最高效，如果它占据优势地位，就能为广大消费者提供最实惠、最优质的通信服务，这么做对个人、对企业、对社会都有利。稻盛和夫把自己的想法原原本本地告诉了KDD、IDO的负责人，对方被稻盛和夫的诚意和社会责任感所打动，同意了他的合并方案。三家合并之后，第二电信得以与NTT分庭抗礼，消费者享受到了物美价廉的通信服务，稻盛和夫顺利实现了自己的人生目标。

人要有所作为，不能没有目标，但是并不是每一个目标都是正当的。作为一个社会人，每个人的行为都会或多或少对他人、对社会产生影响，所以不能只关心自己的愿望有没有达成，还要考虑自身愿望的达成，会给社会带来什么样的影响。任何时候，都不要被野心蒙蔽了良知，更不能为了成全自己的野心而行不义之事。不能只追求个人事业的成功，还要考虑自己能给世界带来什么可喜的改变，只有这样才能在成全自己的同时，成为推动社会进步和发展的杰出人才。

全程冲刺，跑出加速度

按照基本常识，百米赛跑应该全程冲刺，而参加马拉松比赛，则应该稳步前进，以便最大限度地保存体力，防止半途而废或最后阶段被赶超。把这个常识应用到目标管理方面，得出的结论是，小目标应以冲刺的速度加速执行，大目标则应缓速执行，以免过早地消耗掉精力和激情，后续乏力。稻盛和夫却认为，无论执行什么目标，都必须全程冲刺，以加速度奔跑，这样才能在落后的情况下，超越强劲的竞争对手。

以高速运转的方式执行目标，持续付出不亚于任何人的努力，是稻盛和夫一贯强调的工作理念。那么，它是否符合现实呢？毕竟人不是可以无限旋转的钢铁机器，谁能保证自己始终以加速度向目标冲刺呢？如果过早地耗竭了有生力量，是否意味着再也没有办法完成目标了呢？其实，这种担忧大可不必。稻盛和夫并没有要求员工牺牲所有的时间拼命工作，而是希望员工能把自己调整到最好的状态，始终以加速度的方式执行目标。做到这点并不难，人都是有惯性的，只要把自己调整到高效的状态中，那么想要一如既往地保持高效，乃是顺理成章的事，并不像人们想象的那么困难。

火箭能够加速度运行，是因为它的燃料充足。人要保持加速运转的状态，也需要不竭的燃料供应。那么人体需要什么样的燃料呢？旺盛的精神斗志不可或缺，蛋白质、维生素等营养物质不可或缺，除此之外，还需要信念和冲劲。加速运行和匀速运行是有区别的，没有迅猛的冲劲，没有拼搏精神，是不可能实现加速的。全程加速执行目标，并不意味着不眠不休，始终让自己处于高负荷的过劳状态，而是指在有限的工作时间内，持续提高工作效率，以迅捷高效的方式完成目标。

在创业初期，稻盛和夫完全没有时间概念，经常工作到很晚才回家，第二天一大早又要参加例行晨会。他不分白天黑夜地埋头工作，以加速度的方式推进目标，员工们都觉得他太疯狂了，于是抱怨说：“这样不要命地工作，身体能吃得消吗？这样下去，公司所有人都得累倒。”

稻盛和夫说：“经营企业就好比参加马拉松比赛，京瓷的员工都是没有经过正规训练的业余选手，本来各方面就比不上别人，在起跑时已经比其他选手晚了一步，如果不想永远被甩在后面，就必须以冲刺的速度赶超。有人认为这样下去身体受不了，然后我们已经输在了起跑线上，已经落后了一大步，现在又没有技术经验，拒绝奋起直追，就不能取得胜利。要是不肯加速前进，还不如不参加比赛。”

稻盛和夫说的是实情，和同行相比，京瓷起步确实比较晚，在一没资金二没技术的情况下，除了拼命努力加速赶超之外，再也没有其他战胜竞争对手的办法了。京瓷员工不能以不疾不徐、慢条斯理的方式工作，因为那样下去，公司就会倒闭。为了生存，全体员工必须开足马力前进。稻盛和夫把道理讲明白之后，获得了员工的谅解。员工们自觉地提高了工作效率，并始终以昂扬的状态对待工作。若干年后，京瓷成了业界的知名企业，不仅站稳了脚跟，而且成了上市公司。

在自身条件很差的情况下，只有付出数倍于别人的努力，以疯狂的速度加速奔跑，才能摆脱不利处境，获得与强者共同竞技的资格。倘若不肯全程加速，时而减速，时而匀速，那么比自己优秀的选手就会永远冲锋在前，自己永远会落后于人，最终难免被淘汰出局。所以，在参加比赛之前，一定要考虑清楚，是一鼓作气跑向胜利的终点，还是以平时的速度从容不迫地跟在别人后面慢跑。如果选择的是后者，莫不如提早退出或者干脆不要参加比赛。既然获得了参赛资格，就要拿出最好的成绩，无论如何，都要最大限度地发挥潜能，跑出全新的速度，直至创造奇迹。

乐观和悲观是一枚硬币的两面

乐观者和悲观者眼中的世界是不同的：前者只能看到玫瑰花，会忽略花下的尖刺；后者只关注扎手的尖刺，无法欣赏玫瑰花的娇艳和芬芳。那么对于管理目标而言，究竟是乐观好还是悲观好呢？大多数人认为，始终保持乐观的情绪，有利于目标的达成；悲观是一种消极因素，将阻碍目标的执行。的确，这种想法有一定道理。但任何事物都有两面性，积极因素和消极因素在某种条件下也会相互转化，所以悲观未必对执行目标不利。

稻盛和夫认为，在制定目标时，感性的乐观比理性的悲观要好，原因在于，过于理性，就会怀疑宏伟目标达成的可能性，自己给自己泼冷水，将影响目标的实现。而采用乐观的态度估量目标，就能接受一些新奇的点子和宏大的目标，有利于自身取得突破性、跨越性发展。在目标计划阶段，持悲观态度比较恰当。因为盲目乐观，将使人忽略风险，对未来的局势做出错误的估计，可能因考虑不周导致计划破产。在目标全面推进阶段，要找回乐观的状态，满怀信心地执行下去，只有这样，才能攻克一道道难题，一步步地实现阶段性目标。有关目标管理的态度，稻盛和夫是这样总结的："乐观构想，悲观计划，乐观实行。"即在不同阶段，要有不同心态，既不能盲目乐观，也不能始终悲观。

乐观和悲观是一枚硬币的两面，二者相互依存，并没有优劣之分。人们赞扬乐观主义精神，一味贬低悲观，这是非常偏颇的。其实，悲观情绪是人类进化的产物，在远古时期，正是因为有了悲观的估计，人们才懂得如何趋利避害、如何未雨绸缪，才避开了丛林世界的凶险，成功存活了下来。到了现代社会，悲观仍然在发挥着它的作用。它能让人变得更敏锐、更警醒，促使人在制订计划时更谨慎，考虑得更周详，这样反而更有利于目标的实现。不过每个阶段都悲观就不可取了，因为过度悲观将影响人的精神状态和心理状态，阻挠行动的开展。故而，在合适的时候保持理性的悲观，在其他阶段保持乐观情绪，更有助于目标的达成。

以前，稻盛和夫一旦产生了好的想法，就会召集公司骨干开会，向大家征求意见。由于参会者都是名牌大学出身的高才生，具备丰富的专业知识，思维偏于理性，所以总是提出目标不能实现的各种理由。之后他再也不找高才生商量了，有了创想只向天性乐观的员工征求意见。对方对他的想法总是很感兴趣，希望公司能大胆尝试。稻盛和夫深受鼓舞，制定了一系列高远的目标，但在目标计划阶段，他便不敢盲目乐观了，而是作出稳妥周密的计划才能完全放心。

后来，冒险家大场满郎拜访了稻盛和夫，让稻盛和夫更坚定了自己的看法。大场满郎是全球第一位独自步行穿越南极北极的人，勇气非凡，在日本颇受尊敬。他参加旅行冒险时，京瓷为他提供了必备的产品。初次见面，稻盛和夫便忍不住表达了自己的崇敬之情，对大场满郎拜的冒险精神大加称赞，大场满郎不接受赞美之词，诚实地说："其实，我并不是一个英勇无畏的人。我很胆小，也畏惧死亡。正因为如此，出发之前，我才会做好万全的准备。恐怕这也是我冒险成功的原因。冒险家大胆鲁莽，是大忌，也是直接的死因。”

稻盛和夫听后，大发感慨，他认为一如既往地乐观蛮勇不会使人成功，反而会招致失败，人有时候只有具备谨慎、周密的思维，才能更好地迎战风险，走向成功。

由上述事例可知，我们在平时生活中既不能盲目乐观，也不能过分悲观，因为两者是相互转化的。也就是说，乐观模式和悲观模式需要及时切换，才能更好地促成目标的达成。

情感与理智并存，更易达成目标

理智和情感孰轻孰重，在执行目标的过程中，究竟是理智占上风好还是情感占上风？这是一个见仁见智的问题。其实过于感性或过于理智化都不利于目标的达成，一个人如果非常多愁善感，情绪管理能力差，不能理性地分析问题、看待问题，那么就很容易陷入困局，导致目标无法完成。而一个人如果像冰冷机器一样，没有情感温度，不能调动自身和他人的情绪，只知道按部就班地执行任务，肯定也不利于目标的达成。只有情感与理智并存，才更容易完成目标。

人有理性思维，但归根结底是感性动物，忽略感性的力量，就会抑制潜能的发挥。有时候人的情绪就像喷发的火山，能迸发出巨大的能量，谁激发出了这股能量，谁就能促成目标的达成。这就是企业的领导者喜欢用豪言壮语激励员工士气的根本原因。不过太过感情用事，也是不可取的。在必要的时候，行为需要理性思维的校正，才能避免偏激。稻盛和夫在传达目标时，常采用感性的方式，他喜欢用个人化语言和独特的魅力感染员工，员工总能被他的热情所打动，所以无论制定的目标有多么高，员工们都不会畏难，始终斗志昂扬。而在目标的落实阶段，稻盛和夫则喜欢以理性的方式管理企业，以适时纠正偏差。

总体来说，稻盛和夫是一个非常感性的人，他虽是科研出身，不仅有艺术家的审美能力和灵性，又有创业者的激情、哲人的浪漫、慈善家的慈悲，这些感性元素使他更富亲和力，他的一言一行都能激起员工的微妙情绪，员工们众志成城为同一个梦想、同一个目标努力，促成了目标的快速达成。因此，作为企业的经营者，应像稻盛和夫那样深谙情与理平衡的领导艺术，才能更好地完成目标。

稻盛和夫非常崇拜明治维新时期的西乡，因为对方是至情至性之人，身上披上了理想主义色彩的光芒，悲情、纯粹、侠义。长期以来，西乡在稻盛和夫的心目中都占据很重要的地位。除了西乡，稻盛和夫还佩服冷静、理性的大保久通，因为经营企业必须要有冷峻、理性的思维。这两个性情截然不同的人物，是稻盛和夫效法的对象，但很多人认为，没有人会兼具西乡和大保久通的品质，毕竟两者个性相反，没有什么相通之处。然而稻盛和夫却把两者的品格统一在了自己身上：该理性时，他会像大保久通一样理性思考；该感性时，他会像西乡那样表露自己的真性情，以情动人。

有一次员工在评价稻盛和夫说："社长虽严厉，讲话却情真意切，无论什么时候，我们都愿意追随在他左右。"稻盛和夫不记得自己讲过什么了，但回顾过去，即便是无意中脱口而出的话，也总是那么饱含深情。因为讲话真诚，诚心实意地为对方着想，员工不知不觉就被感动了。稻盛和夫能令人折服靠的不是口才，也不是手腕，而是真性情，所以总能让人心悦诚服。

稻盛和夫以情感感染人，却不感情用事，关键时刻能运用理性思维，以保证自己不为感情所困。比如，商界朋友曾因资金周转有问题，请求稻盛和夫做担保，稻盛和夫出于仗义鼎力相助。后来，朋友破产还不上债务，使京瓷信誉受损。再来借钱时，稻盛和夫虽然还是很同情对方，但最终没有答应借款。他理性地拒绝了别人的不合理要求，保住了京瓷的信誉，也免除了个人的麻烦。

现实生活中，人们总是认为情感和理智是不相容的，因为重情重义、至情至性者行事风格非常个人化，而理性的人又比较冰冷和程式化，两者的差别就像冰与火一样鲜明，这两种不同的人格特质似乎很难统一到一起。然而稻盛和夫告诉我们，情与理是可以完美统一的，只有两者兼顾，才能顺利达成目标，取得更高的成就。

第十章　坚持的力量：成功离不开持续的积累

积跬步可以至千里

古语说："不积跬步，无以至千里；不集细流，无已成江河。"持续地积累，可能换来难以想象的成果。蜗牛速度缓慢，但却能爬上高不可攀的金字塔；溪流水量极少，却可以汇成大河。所以，不要小看一步的距离，也不要低估渺小的力量，积跬步者同样可以扩大自己的人生半径，把星辰大海作为自己的征程，力量弱小者如果持续不断地进步，也能脱胎换骨成为强者。

稻盛和夫认为，人的一生就是由无数个瞬间持续积累而成的，所谓的丰功伟业，皆是由平凡的人们一步一步积累而成的。每一分钟的积累都是有意义的，积累 1440 分钟成一天，积累七天成一周，积累四周成一月，积累十二月成一年，积累数十年，就是人的一生。人不可能在一分钟、一天或一周那么短的时间内，取得明显的进步和傲人的成就，可能要奋斗十年才能业有所成，但这并不意味着短时期内瞬间的努力毫无意义，因为巨大的成功、惊人的事业正是由一个个小小的成果汇集而成的，所以我们不能无视跬步的力量。

稻盛和夫说，成功没有一跨千里的捷径，无论你多么急功近利，都不可能改变自然规律，必须脚踏实地地工作，才能实现远大的理想。现实生活中，很多人没有积跬步的耐心，总是幻想着依靠高明的手段平步青云，为了在短时间内出人头地，耗竭了心力和脑力，却没有付出任何实质性的努力，这正是人生失意的根本原因。

奋斗好比爬楼，你既可以步行上楼，一个台阶一个台阶向上攀登，也可以乘坐电梯，一层层到达高处，却不能省略所有过程，直接到达目的地。不肯积累跬步，不仅无法到达千里之外，恐怕连十米的路程也到达不了。只有量变积累到一定程度，才能发生质变，没有量的积累，期望质的改变是不现实的。毕竟罗马不是一天建成的，千里也不是一步可以跨越的，任何成就的取得都离不开坚持的力量，只有持续不断地努力下去，才有希望获得成功。

京瓷从无到有，从弱到强，不是一朝一夕改变的，稻盛和夫由落魄青年、无名小卒成为身家不菲的企业家、成功人士，也非一日之功，所有的变化都是持续积累的结果。遥想当年，京瓷只是一个毫不起眼的小厂，连正常的订单都接不到，稻盛和夫不得不自己到一线跑业务，在前进的道路上，不知被拒绝过多少次。那时，谁也不会想到那个步履踉跄、灰头土脸的青年，有朝一日能成为业界的领袖。

起初，京瓷没有尖端技术，也没有优良的设备，想要成为行业翘楚比登天还难。稻盛和夫却没有因此丧失信心，他一步步积累，持续搞研发，日益精进自己的技术，开发出了一款又一款高科技产品，并成功打开了市场。他的努力没有白费，之前的积累在酝酿之后厚积薄发，给了他极大的助力，终于促成了京瓷的成功。

稻盛和夫说："梦想与现实之间的巨大落差常令人烦躁不安。然而人生就是'今天'的不断积累，就是'现在'这一刻的不断延续，如此而已。"实现梦想，不能靠做梦和幻想，而要靠辛勤汗水的积累。只要坚持不懈地努力下去，看似不可能的奇迹也能转变成现实。点滴付出，日积月累，将凝聚成惊天伟力，成就不可思议的辉煌。或许你今天刚刚举步，离梦想的终点还有千万里之遥，但只要有足够的耐力坚持走完这段长征，就能迎来属于自己的曙光。或许你一直在路上，一直在孤独前行，有时感到万分疲惫，有时会产生灰心沮丧的情绪，但只要坚持前进，经得起挫折，每日积跬步，就能迎来真正的胜利。

把一件事做到极致

人生贵在持之以恒。坚持把一件事做好，并做到极致并不是一件容易的事。技艺精湛的专业人士也偶有失手的时候，勤奋进取的工作狂也偶有懈怠的时候，由于种种原因，人们有时候或多或少地会有降低自己的工作质量和工作品质，并心安理得地享受放纵的感觉。表面上看，平时做事精益求精，偶尔没有把事情做到极致，似乎影响不到大局。事实却不是这样。一旦降低工作标准，就会严重影响到自身的自律，可能导致信念的崩塌，进而影响全部工作。

高标准地严格要求自己，是每个工作者应有的态度，无论如何，都不该给自己打折扣。放眼四海，但凡成功人士都是坚持把事情做到极致的人。美食大师早乙女哲哉数十年如一日研究天妇罗的烹制方法，将最简单的油炸食品做成了世界顶级料理；动画大师宫崎骏数十年如一日坚持手绘创作，推出了一系列画风唯美、笔触细腻的殿堂级动画作品；好莱坞著名导演詹姆斯·卡梅隆十年磨一剑专研 3D 技术，终于使巅峰之作《阿凡达》横空出世；稻盛和夫大半生投身于新型陶瓷产品的开发工作，日益精进技艺，几乎把每件产品都打磨到了极致。可见，成功的秘诀不在于某一日某一刻把工作做到极致，而在于每一日每一刻都是如此。极致的状态不是一个个孤立的点，而是不断上扬的平滑曲线，随意抽出一个时点，都能达到同时期的最高水平。这才是成功者的非同凡响之处。

稻盛和夫有个叔叔从事飞机维修工作。在战争年代，每次轰炸机被派往战场，飞机维修师都要一同随行。业内有个不成文的秘密，所有的维修师都会避免乘坐亲自维修过的战机，尽量乘坐其他工作人员修理的战机出行。这种怪异的现象揭示了一种普遍心态：谁都不敢保证自己的工作做到了滴水不漏，可能在某个时刻，工作出现了疏忽，导致故障没有被排查出来，致使潜在的风险留存在了机身内，飞机随时面临失事的风险。因为对自己着手的工作没有信心，飞机维修师都把自身的命运交到了同事手上。

除了飞机维修师，其他行业的从业者也抱有同样的心态。稻盛和夫听说，大部分医生都不敢给自己的至亲诊断病情，更不敢亲自操刀给亲人做手术，如果亲人病情危急，他们会不约而同地把手术刀交到同事手上。事后遭到质疑，便开脱说："面对骨肉至亲，手会发抖。"但在稻盛和夫看来，这恰恰说明他们对自己的技术水平和工作能力缺乏信心。稻盛和夫认为，假如自己是名医生，面对重大手术，尤其涉及亲人的手术，一定会自己动手开刀，绝不把拯救亲人的机会让给任何人，他自信能把最复杂、最精细的工作做到极致，相信手术能成功，所以不会有所顾虑，只会勇往直前。

稻盛和夫始终对自己的手感、技术抱有信心，因为他每天都以极高的标准要求自己，几乎把工作做到了完美，在这种情况下出现差错的概率微乎其微。但凡他参与的工作，他都怀有极度的信心，绝不会在关键时刻落荒而逃或者把重任交给别人。

坚持把一件事做到极致，工作成果就能经得起任何苛刻标准的考验，不仅可以获得外界的认可，还能增强自信。

因此，做事不能偷工减料，不能三分钟热度，否则即使掌握了较高的技术水平，也不能获得持久的成功。任何时候，都要本着一颗精益求精的心，竭力把事情做到极致，只有这样，才能让自己的事业基石稳固，才能建立更大的功业。

细节暴露你的专业度

一个人的专业水平和专业能力，并不体现在宏观层面的把握上，而是直接体现在细节中。一流的裁缝绝不会让自己的时装出现色彩跳脱、线头裸露等问题；顶级的演讲大师绝不允许自己有任何口误，因为一处看似微不足道的细节暴露的不仅是自己态度上的疏忽，而且还暴露出了自己专业素养方面的欠缺。然而，在现实生活中，专业水准较高的人也会犯细节上的错误。比如，美国前总统奥巴马在重要场合读错誓词，这是为什么呢？归根结底，是因为没有保持一贯的风范，没有矢志不移地坚持严谨的工作态度，一不小心就犯下了尽人皆知的错误。

其实，在一定时期内专注于细节并不难做到，难以做到的是自始至终都高度关注细节，因为这种坚持非常考验人的意志和耐性。大多数人都喜欢运筹帷幄、宏观布局的感觉，不喜欢把创新落实到具体的细节上，细节琐碎、乏味，令人厌烦，坚持高度集中精力关注细节，难度系数非常高。

稻盛和夫是一个非常专注细节的人，他不像某些经营者那样只知道描绘蓝图，而不去思考如何把产品处理得更精细。在工作领域，他坚持狠抓细节，绝不允许有任何不合格产品流向市场。可以毫不夸张地说，正是因为坚持关注细节，京瓷生产的产品才越做越精良，京瓷神话才得以延续。

44岁生日那天，稻盛和夫深情地在庆祝酒会上致辞说，多年来，他一直像经营艺术品那样经营企业和产品，致力于把最好的成果向世界中心展出，他满怀期待，不知道世界的评价。在公司股票以高价售出的时候，他深深地感受到，京瓷已经蜕变成了国际化的大企业。稻盛和夫的一番话，引起了人们的深思。京瓷能取得那么高的成就，是因为稻盛和夫不仅能像战略家那样大刀阔斧地推行改革，还能像艺术家那样处理所有细节事物，让一切尽善尽美。

由于数年来一直关注细节，京瓷的产品精密度非常高，受到苏联市场的欢迎，成套的设备得以出口到东欧。美苏争霸时期，苏联是仅次于美国的超级大国，工业发展迅速，对精密设备的需求旺盛。由于京瓷口碑极好，专业水准极高，苏联主动找到稻盛和夫，表示希望双方开展合作，并邀请稻盛和夫参观工厂。稻盛和夫很高兴，把先进设备源源不断地运入苏联，获得了一笔不小的利润。

由此可见，真正的卓越者永远都专业，任何时候都尽力避免在细节上犯错。因为细节是专业度最好的诠释，对细节把握到位，才能成为顶尖的专业人士。当然，在细节方面能始终做到无可挑剔的人并不多，一个极度耐心细致的人也偶有状态不佳或不耐烦的时候，但这不是我们放弃对细节追求的理由。如果想让自己表现得更专业，如果想让别人认可自身的能力和技术水平，那么必须把细节处理到位，这样才能让自己的人生不断走向新高度。

不言放弃就不算输

有人说，成败在于实力，实力不济坚持再久也没有意义，一切都是徒劳。有人说，成败本不是定局，只要不言放弃就不算输。是的，人生的输赢只是某个阶段的结果而已，它并不是最终的结局，不肯认输的人便有无数次机会翻盘。稻盛和夫便是一个不服输的人，在成功之前，无论遇到什么危机，他都不会放弃，即使到了计穷策尽的地步，他也不会停止战斗，而会把某个阶段的终点当作下一个阶段的起点，继续发起挑战，直到胜利为止。

稻盛和夫说："执着的强烈信念以及不达目的绝不歇手的'持续力量'，是成功的必要条件。"不达目的不罢休，不抛弃不放弃，是许多成功人士精神风貌的真实写照。诺贝尔在发明炸药时，引发了好几次特大事故，实验差点儿被迫中止，面对危险，他没有放弃，最终获得了成功；残疾姑娘海伦·凯勒在练习发声时遇到了巨大的困难，她坚持了下来，最后不仅发出了自己的声音，还如愿上了大学。试想一下，如果诺贝尔选择了放弃，那么世上就没有炸药之父了，筑路工人的生存处境将得不到改善；如果海伦·凯勒选择了放弃，在自怨自艾中度过一生，那么她就不可能成为千千万万残疾人的榜样。所以，从某种程度上说，坚持的力量不仅能促成个人的成功，还能引领无数人走出困顿和迷茫，逐步走向成功。

坚持是一种信念，永不言弃是一种精神，在诺贝尔、海伦·凯勒、稻盛和夫等人的成功与运气无关，都是自己坚持的结果。成功偏爱永不言弃、永不服输的人，古今皆然。

有一年，稻盛和夫应邀参加知名企业举办的演讲，听众都是从事高新技术产业的专业人才，不少人已获得了博士文凭。演讲完毕后，进入了答疑环节。有位听众直通通地问："京瓷着手研发的项目，成功率有百分之几？"稻盛和夫响亮地回答道："百分之百。"听众都觉得不可思议，全都对京瓷的研发能力感到惊讶。惊讶过后，人们又开始质疑。毕竟研发能力再强的企业，也不可能有百分之百的成功率。有人便觉得稻盛和夫说了大话，毫不客气地驳斥说："这是不可能的。"

稻盛和夫平和地回答："京瓷研发项目，会持续到成功为止，从来没有中途放弃过。所以所有经手的项目都研发出了成果，迄今为止，一个失败的案例也没有。"听众恍然大悟，不约而同地露出了会心的笑容。稻盛和夫说的是实话，项目再难做，他都没有放弃过，就算到了无计可施的地步，他也没有停止努力，而是选择寻找新起点继续研发。正是因为如此执着，京瓷才创造了零失败率的奇迹。

荀子说："骐骥一跃，不能十步；驽马十驾，功在不舍。锲而舍之，朽木不折；锲而不舍，金石可镂。”是的，成功在于锲而不舍。锲而舍之，万事不成，锲而不舍，劣马也能跑出千里马的路程。普通人如果拥有锲而不舍的精神，也能取得万众瞩目的成就。

在这个世界上，成功的天才寥若晨星，而资质一般却成为业界领袖的人物不胜枚举。这是为什么呢？因为任何事情在天才眼里都没有挑战性，别人倾尽全力做不到的事，他们轻轻松松便做到了，所以无论从事什么工作，大都会因找不到乐趣而选择放弃。而资质普通、实力一般的人深知自己的不足，知道自己除了坚持之外，再无法宝，所以无论遇到什么困难都不会放弃，由于长年累月地坚持，不知不觉便成了行家。

坚守信仰才能成就自我

提及信仰，人们首先想到的是宗教，其实信仰不单指宗教，它可以是一种价值观念、一种人文情怀，也可以是一种至高无上的精神追求。信仰能让人在选定的道路上义无反顾地坚持下去，因此有信仰的人比没有信仰的人坚持得更持久，获得成功的可能性也更大。当今时代是一个缺乏信仰的时代，人们普遍找不到坚持的理由，无论做什么事情，随便找个冠冕堂皇的借口便放弃了，故而能成就自我的人凤毛麟角。很多人为了追求物质享受而活，有了金钱以后便丧失了拼搏的动力，从此裹足不前。而少数有信仰的人坚持了下来，所以成了跑得最远的人。

稻盛和夫无疑是一个有信仰的人，他自始至终都知道自己是为什么而坚持。在追求自我实现和事业成功的同时，他一直期望京瓷研发的科技产品能对人类社会有益。新型陶瓷广泛应用于电子领域和通信领域，促进了人类生活的现代化；太阳能等清洁能源的普及，保护了地球环境，并为许多地区提供了照明；人造关节，赋予了患者重新行动的能力，使无数人重获新生。许多项目在初期阶段并没有获利，而且还碰到了意想不到的困难，换作没有信仰的经营者，一定会毫不犹豫地退出，从此再也不涉足相关领域。然而稻盛和夫坚持了下来，因为他不只是一个为企业谋利的经营者，还是一个坚守信仰的人，他认为项目对人类社会而言是有价值的，故继续投入资金和技术，结果取得了惊人的成功。这便是京瓷不断壮大的秘密。

许多人认为信仰是一种虚无缥缈的东西，不能换来任何切实的利益，只有天真的理想主义者才会抱着信仰不放。然而，事实证明，有理想、有信仰的人比唯利是图什么都不信奉的人更易成功。因为信仰的力量要比物质驱动的力量更强大，常能促成更大的成功。崇高的目标，坚定的信仰，持续不断的努力是事业不断成功的保证，也是个人达到光辉顶点的必要条件。因此，心怀信仰比没有信仰更有福祉。

第二电信成立之后，稻盛和夫开始涉足卫星领域的业务。美国的摩托罗拉公司希望和第二电信合作，计划在全球发射 77 颗卫星，以便在世界范围内构建起庞大的移动通信网络。这个项目非常烧钱，而且风险较大，摩托罗拉一时找不到坚定的支持者，所以想到了稻盛和夫。稻盛和夫认为，这个项目对于通信不便的发展中国家有利，如果实施顺利的话，广大发展中国家的人民将享受便捷的通信服务，这是一件好事，所以欣然同意了合作请求。

截至 1998 年 11 月，在第二电信和摩托罗拉公司的共同努力下，与世隔绝的孤岛、广袤的沙漠和落后的山区，都覆盖在了通信卫星的范围之内，那里的人们摆脱了被隔离的状态，得以和不同地区的人通话。稻盛和夫深感欣慰，可惜全球市场反应并不好。幸好已经发射成功的66颗卫星保留在了太空中，继续为世界各地提供电话服务。虽然这个项目让第二电信蒙受了损失，但考虑到它使全球卫星通信成为现实，为人类通信带来了便利，稻盛和夫依然感到十分高兴，觉得所有的付出都是值得的。

在商业气息浓郁的现代社会，重视信仰的人越来越少了。大多数人趋之若鹜地追求权力和金钱，有了金钱和权力，便沉湎于极致的享乐，除此之外，别无他求。在很多人眼里，世俗社会已经安放不下任何纯粹高尚的信仰，追求信仰、坚守信仰是一种愚蠢的行为。可现实世界并不是这样，没有信仰，永远不可能成就一番伟大的事业。轻信仰重实际的人，往往只能尝到一点儿甜头，获得一些小利，却不可能取得太大的成就；而既务实又坚守信仰的人，才能突破狭隘，走向人生巅峰。

坚持就是胜利

在竞技场的赛道上，坚持最久的人才能成为最后的胜利者。所以参赛者比拼的不是体能，而是耐力，体能强大、爆发力超强的人未必能成为优胜者，因为他有可能基于各种各样的原因退出赛场，临近终点时，还会有很多意志不坚定的人惨遭淘汰，能咬牙冲破终点线的人才能获得桂冠。

坚持就是胜利，在赛场上这是一条铁律，在日常生活和工作中，它仍然是放之四海而皆准的真理。在急救室中，奄奄一息的病人必须比死神更有耐力，才有机会存活下来；在硝烟弥漫的战场上，处于隐匿状态中的狙击手必须比敌人更耐得住性子，才能保证不暴露自身；在各行各业的竞争中，参与角逐的选手必须坚持到最后，才能取得决定性的胜利。生存发展，离不开坚持；成就一番事业，也离不开坚持。无论战胜对手，还是成就自身，都离不开坚持。

稻盛和夫创办的京瓷在业界异军突起，所依凭的正是坚持的力量。在其他企业纷纷退出市场时，京瓷固执地驻守原地，当其他商人看到新的契机，改做他行时，京瓷仍坚持开发新型陶瓷产品；当其他竞争者由于技术、资金方面的问题或其他原因，退出相关项目时，稻盛和夫仍然继续相关方面的研究。京瓷能做强做大，说明坚持不懈者必然能收获丰厚的回馈。

除了对事业的执着，对目标的坚持外，稻盛和夫还坚持宣扬自己的经营哲学，这种不求回报的坚持更加令人钦佩。在奉行利益至上的商界，倡导以哲学理念为先导的经营模式，是非常有难度的。人们可能因为稻盛和夫的成功，关注他的经营理念和经营模式，但不会马上全盘接受他的思想。毕竟利益主义者不大可能把以德修身、以德兴业当成自己的经营目标。因此改善商业环境，稻盛和夫需要经受的挑战还有很多，前方的路还很漫长，但他会坚持不懈地努力下去。

为了更好地推广自己的经营哲学，稻盛和夫成立了盛友会，经常从百忙之中抽出时间，给会友们宣讲京瓷的经营之道。起初，年轻的创业者非常好学，也非常热情，希望能从稻盛和夫那里学到有用的商业知识。但稻盛和夫并不想传授给他们赚钱的技巧，因为稻盛和夫认为能不能使企业盈利，能不能把企业经营好，不在于掌握了多少技巧，而在于企业家的经营理念是否先进、胸怀是否宽广，所以一有机会，他便向会员宣讲做人之道和哲学之道，希望能拓展对方的眼界、见识，进而提升经营者的思想境界和人生层次。

经营者们普遍认为稻盛和夫掌握了成功的秘诀，纷纷慕名而来。由于人员众多，稻盛和夫便在各地成立了盛和塾，以宣讲稻盛哲学和经营策略。经营者们提出了许多非常实际的问题，比如如何管理家族企业，如何拓展海外市场，如何让干脏活儿累活儿的员工产生自豪感等。每次回答问题时，稻盛和夫都会深思熟虑，在帮助经营者们出谋划策的同时，也在输出自己的哲学观和经营观念。在稻盛和夫循循善诱的启发下，经营者们终于找到了正确的发展方向。有位远渡巴西经营木材生意的创业者，因为通胀和劳务方面的问题，事业差点儿毁掉，心情糟糕到了极点，绝望之中，他接触到了稻盛哲学，忽然之间茅塞顿开，于是给稻盛和夫写了一封信。稻盛和夫不仅回复了他，还多次访问了巴西。这位创业者非常感激，于是毫不犹豫地践行稻盛哲学中“提升心性，拓展经营”的方针，后来终于使自己的企业走上了正轨。

俗话说得好：“世上无难事，只怕有心人。”只要肯坚持，世上便没有做不到的事。在利欲熏心的商业环境中，推广“提升心性，磨砺灵魂”的经营理念很难，但稻盛和夫做到了。把哲学融入商学，难度之大，超乎想象，稻盛和夫也做到了。在稻盛和夫之前，鲜有人做过类似的努力，这是史无前例的尝试，稻盛和夫把它变成了现实，这都是坚持努力的结果。这坚持到底，永无止境地努力下去，终有一日会如愿以偿，赢得意料之中的成功。

恒心是永不败北的撒手锏

一个人没有恒心，有才干、有学识，也有可能小有成就。但有了恒心，则有可能成就一番大业。那么究竟什么是恒心呢？恒心指的是持久不变的意志。现实生活中，人们常用“水滴石穿”“铁杵成针”来形容恒心带来的惊人改变，以最简单、最直观的自然现象诠释恒心的重要性，那么在工作领域，恒心具体体现在哪些方面呢？

工作者不畏难，坚持攻克难关，完成了一个又一个艰巨的任务，是有恒心的表现；创业者屡仆屡起，以非凡的毅力坚持做产品、做市场，也是有恒心的表现。恒心可以表现为各种形式，核心却不改变，它代表的是一种坚持不懈的精神，一种不达目的不罢休的执着，一种近乎顽固的决心和意志力。有恒心者，永远都不会放弃，更不会黯然离场，因为他们有不达目的，誓不罢休的精神。

稻盛和夫是日本商界最有恒心的创业者之一，他之所以能取得巨大成功，不是因为掌握了经商的要领和经营的技巧，而是因为他能够为自己的理想去努力、去坚持，愿意用一辈子的时间践行自己的意志。其实，恒心对任何有追求的人来说都至关重要，对渴望成就大业的人更是如此，因为想要有一番作为，就不能一曝十寒、有始无终，必须克服自身的弱点，不断迎接挑战、克服压力，这样才能步入辉煌，成为自己渴望成为的人。

每个人都有自己的软肋和硬伤，人的硬伤取决于个性，可能各不相同，软肋则深植于人类普遍的弱点，具有普遍性。没有恒心，是一种软肋，而不是硬伤。一个人缺乏定力和恒心，也能取得一定的成就，但永远不可能获得巨大的成功。成功源自恒久不变的坚持，不能坚持，便注定与成功无缘。

“善始者众，善终者寡”，道出了成功者与失败者的区别。成功者善始善终，失败者做事虎头蛇尾，前者数量稀少，后者多到不可胜数。失败者并非是因为时运不济、怀才不遇，很有可能是因为缺乏一份坚持。大多数的人在投身一项事业时，都会怀有三分钟热度，但是如果自己的努力没有换来期望的结果，就会识时务地放弃，能咬紧牙关坚持下去的人少之又少。所以成功只属于少数人。

稻盛和夫年轻时，非常有定力、有恒心。毕业之初，他的人生起点非常低，换作别人，很有可能自暴自弃。但他没有，他相信平生所学一定能派上用场，相信在一无所有的情况下，仅凭一双手也能创造出自己想要的一切。在人们对精密陶瓷的概念无比陌生的情况下，他选择了与之相关的产业，进入了高新技术领域，把它当成了一生的事业来做。

离开松风工业之后，稻盛和夫另起炉灶，创建了自己的公司，但仍没有改换行业。精密陶瓷领域始终是他事业发展的中心。所幸陶瓷产品涉及的范围很广泛，没有限制京瓷的发展，稻盛和夫的坚持，促成了京瓷的全方位发展。在稻盛和夫的领导下，京瓷攻克了无数的技术难关，并多次掀起了技术革命，专业技能日益精深，产品品质不断升级，一步步征服了国内和国外的市场。后来京瓷进入了多元化发展轨道，但稻盛和夫继仍续拓展核心业务，把京瓷做成了又专又精的公司。

有些人认为坚持是一件很容易的事，只要有毅力、有决心，多年来坚持做一件事，并不难。但决心和毅力会随着时间的流逝而改变。开始从事一项事业时，往往意志坚定，热血沸腾，可是过不了多久，热血便会冷却，决心将随之发生动摇，即使勉为其难地继续坚持，状态已全然改变。在这种状况下，根本无法应对不计其数的挑战，也无法应对突如其来的压力，中途放弃便成了一种必然。所以坚持到底的人，总是少得可怜。要想成为少数的优胜者，必须修炼自己的恒心，有了恒心，才能获得成功的通行证，才有机会笑到最后。

强者的毅力是磨砺出来的

众所周知，坚持需要意志力做支撑。一个人在前进的道路上能走多远，取决于他的意志。强者的意志坚若磐石，有着坚忍不拔的毅力；弱者意志软弱，常常半途而废。那么坚强的意志力是天生的吗？意志孱弱的人有没有机会修炼出超强的毅力呢？客观来说，世上没有天生的强者，也没有天生意志力强悍的人，正所谓“宝剑锋从磨砺出”，顽强的毅力都是磨砺出来的。

人的成长是一个从弱到强的过程，强者在成为强者之前，同样有着普通人的弱点，也有意志软弱的时候，历经风风雨雨和千锤万凿的历练，才有了刚强的意志和一往无前的英雄气概。譬如，贝多芬失聪以后，变得乖戾阴郁，脾气非常火爆，起初并没有超凡的意志力对抗磨难，但与残疾和噩运斗争了一段时间之后，他成了精神上的巨人，拥有了无可撼动的意志力，所以才谱写出了铿锵有力、气壮山河的《第九交响曲》。稻盛和夫早年和其他年轻人一样有很多弱点：委屈的时候牢骚满腹，想要放弃；孤独的时候心情阴暗，渴望逃离；难过的时候黯然神伤，像个多愁多病的诗人。但是最后他经受住了所有的考验，凭借坚强的意志战胜了困厄，为自己赢得了美好的未来。

不经历蜕变的伤痛，意志力便不可能得以增强。人拥有的是血肉之躯，不可能像石头、钢铁一样坚不可摧；人具有丰富的感情和敏感脆弱的神经，情绪起起伏伏，不可能时时刻刻都保持一种状态。所以有时候要允许自己适度软弱，允许自己通过正当途径表达和宣泄情绪，这样才能调试好状态，才能在关键时刻发扬一鼓作气、坚持到底的精神，咬牙渡过难关。

毅力的强与弱不是天生的，意志力软弱的人大部分缺少人生阅历，没有经历过生活的历练，经不起打击，遇到一点儿挫折便选择放弃。要想增强自身的意志力，方法很简单：有意识地磨砺自己，主动走出温室去迎战风雨，让自己慢慢变得强大，变得不可摧折，这样就能无往不胜。

稻盛和夫早年生活困苦。由于家庭条件不好，在别的孩子打闹玩耍的时候，他已经默默地在为家庭分担压力了——小小年纪便开始走街串巷卖纸袋。由于生活太过艰辛，他非常渴望通过读书来改变命运。然而，他的求学之路并不顺利，贫寒的家庭并不能给予他最基本的物质支持。在当时的情境下，他随时都有可能失学，他面对困难他没有放弃，在老师的支持和鼓励下进入了大学，在校期间他一直勤工俭学、自给自足。

大学毕业以后，稻盛和夫险些加入失业大军，最艰难的时刻，他没有放弃，历经波折之后终于谋到了一个职位，开始接触无机化学和新型陶瓷。创业期间，稻盛和夫诸事不顺，新成立的公司竞争不过其他企业，只能在夹缝中求生存，稻盛和夫没有放弃，专签同行不敢接受的订单，然后夜以继日地研发生产产品。员工身心疲惫坚持不下去的时候，他便想方设法鼓舞大家齐力奋战，总是能如期交货。在拓展业务的每个阶段，稻盛和夫都遇到过天大的难题，有时候一度认为项目进展不下去了，但他仍然没有放弃，凭借惊人的毅力坚持了下来，结果促成了项目的成功，也把京瓷的技术带向了一个前所未有的新高度。

野外栉风沐雨、历尽沧桑的老树比温室里的奇花异草有毅力，荒原的苍狼比暖房里的家犬有毅力，森林中奔驰的野马比作为牲畜的家马有毅力，这是环境使然，也是阅历使然。在没有任何庇护的环境中生存，不能坚持，没有毅力，就会被残酷的世界淘汰。所以从某种意义上说，毅力是被逼出来的，有时候不逼自己，都不知道自己能坚持多久。现代人之所以意志孱弱、动辄放弃，根本原因在于生活环境太过优越，不知人间的冷酷和现实世界的残忍，只有经历突如其来的变故，被生活打得措手不及之后，才能在伤痛中蜕变成长，才能成为老树、苍狼、野马那样的厉害角色，才能赢过命运，涅槃重生。

平凡者的成功之路是由汗水和鲜血铺就的。每一次砥砺前行，都步履维艰，步步惊心，不是被荆棘所伤，就是被鞋中的沙粒磨破了脚掌。天之骄子可以乘坐飞机、轮船从一处到达另一处，不需要用脚步丈量世界，也不需要承受旅途的艰辛，意志力对他们来说是可有可无的东西。而平凡的大多数人必须跋山涉水，一步一个脚印地走向目的地，少留一滴汗、少付出一丝心血、少受一点儿磨难、少坚持一刻钟，都有可能功败垂成。普通人没有什么可凭借的，想要成功只能依靠意志力和坚持不懈的精神，必须磨砺自己，锻炼自己，壮大自己，才能在蜕变中自我提升，才能活出强者的风姿。

认真是一辈子的事

认真工作本来是一件简单的事情，但从长远来看，它又是最难做到的事情，因为一时的认真轻而易举便能做到，一辈子认真便成了艰巨的挑战。任何事情，但凡和“坚持”二字联系起来，难度技术便直线上升，本来易如反掌的事情也会转变成不可能。人为什么不能坚持一辈子认真做事呢？原因很多，其中最为关键的一个原因是，在直面现实的某一刻，产生了失望、颓废的情绪，再也找不到坚持下去的动力。就像希腊神话中的西西弗斯每天推着巨石上山，巨石一次次从山顶滚落，付出再多都是徒劳无功，久而久之便找不到坚持的勇气了。归根结底，都是太过看重结果所致。

其实，阶段性结果并不能代表什么，坚持认真地做事，努力到无能为力，拼搏到感动自己，终有一日能转败为胜。譬如，电话营销员每天会被拒绝很多次，经常一无所获，但并不代表他永远签不了单，如果他能保证职业生涯的每一通电话都认认真真地跟客户沟通，那么就不可能签不了订单。长期签不了单只有一种可能，那便是他的做事态度发生了转变，在与客户沟通的过程中变得急躁不耐烦，白白浪费了大好的机会。

稻盛和夫认为，对待工作不仅要极度认真，而且要永远认真，任何时候都不能漫不经心。他本人就是一个极度认真的人，无论逆境顺境，无论成败，他都始终不改初衷，总是认真地对待每一天的工作，并认真对待工作中的每一个环节，就这样凭借持续的努力，取得了无数的成功。稻盛和夫告诉我们，命运不会辜负认真工作的人，坚持尽心竭力地工作，上苍也会被感动，继而给予我们适度的回馈。

古今中外，在某一领域卓有成就的人都是极度认真的人，成功最怕的就是“认真”二字，一辈子认真的人，即使成不了风云人物，也能成为不可多得的人才。古时神射手能百步穿杨，卖油翁往钱孔灌油，能让钱币滴油不沾，这些出神入化的绝技都是坚持认真练习练就的。可见，认真地努力下去，认真地对待自己的日常工作，日益精进自己，将来必有所成。

稻盛和夫在与 IBM 公司合作过程中，出现了许多不愉快的小插曲。首次合作，京瓷在约定的期限之内，赶制出了 20 万个产品，可是仍然没有达到 IBM 公司的苛刻要求。对方的采购员验过产品后，声称基板不是纯白色，略微带有黄色，因此货品为不合格产品，稻盛和夫只好重新调配原料，重新开始制作产品。那段时间，他非常疲惫，压力很大，但仍然每天认真工作，丝毫不敢放松。

由于精神高度紧张，一天晚上，梦见京瓷生产出了一批合格产品，顺利交货了，他欣喜若狂，醒来才知是梦。感叹了一番之后，他连夜巡视工厂，和一线员工及研发人员一块儿加班加点地工作。他那认真执着的态度感染了研发人员，研发人员不甘心就这么放弃，经过一次又一次的尝试，终于研发出了符合标准的产品，让京瓷渡过了难关。

极度认真、永远认真，是一个人从平庸走向卓越的法宝。只有认真才能把工作做精，才能获得赏识和青睐，获得更多的发展机会；只有认真才能出成果，才能向世界展示自己的才学和实力，赢得社会的尊重；只有认真才能出类拔萃，才能在群雄逐鹿的竞争局面中占得先机。坚持以认真的态度做事，就能获得持续的成功，未来的道路就会越走越宽。

令人遗憾的是，很多人习惯敷衍了事，已经丧失了最基本的责任感，既影响了个人业绩，又给别人带来了苦恼和麻烦，但凡成功者做事都是极度认真的，他们用一生的时间践行自己的工作理念，在服务社会的同时，也促成了个人的成功。

坚持到最后一秒，才是赢家

人生最大的悲剧不是输在起跑线上，也不是输在终点线上，而是在最后一秒钟没能坚持住，以致功败垂成，与成功擦肩而过。这样的例子在生活中比比皆是，比如游泳健将一路冲锋在前，遥遥领先，偏偏在比赛即将结束的时刻放松了自己，导致被后面的选手反超，错失金牌；再比如登山运动员再坚持几百米的路程，就能征服世界高峰，偏偏在关键时刻感到体力不支，只得黯然下山。许许多多的人一直表现优秀，却输在了最后一秒，致使终身遗憾。

人们败在最后一秒，多半不是因为精力耗竭，而是因为判断失误，眼看胜利在望，便以为成功唾手可得。殊不知没有拿到手的东西永远不属于自己，一秒钟的松懈，可能导致整个局势发生惊天变化，致使自己最后出局。最后一秒最考验人的心理素质，提前欢呼、提前庆祝的人会被无情淘汰，只有个性沉稳、坚持到最后的人，才能成为真正的赢家。

一秒虽然短暂，却足以定乾坤。有时候多坚持一秒，可能意味着胜利的来临。可惜的是人们常在最关键的阶段止步。稻盛和夫从来没有类似的遗憾，无论做什么事情他都会坚持到最后，绝不会让自己败在最后一秒，因为稻盛和夫深知坚持是最重要的成功策略。在经营企业时，稻盛和夫举办过很多次庆祝活动，但项目没有完成的时候，很少提前庆祝，即便一切顺利，他仍然不敢放松，总是在庆功会上勉励大家要再接再厉，千万不能因为一点儿小成就而沾沾自喜。在稻盛和夫眼里，奋斗是没有止境的，只要生命没有休止，就要坚持下去，努力去拼打，这样才能成为永远的赢家。

为了扩大国际市场，稻盛和夫在美国开办了一家工厂。京瓷的管理方式在美国遭到了冷遇。美国的员工每天准时上下班，即使工作任务没有完成或者产品出现了严重问题，抑或不能如期交货面临违约风险，他们也照旧下班，全然不管公司的处境。这让稻盛和夫十分头疼。另外，日方派去的人员习惯向总部汇报工作情况，这也令美方十分不满，日美员工分歧太多，影响了产品的生产，工厂持续亏损。最后美方厂长黯然辞职，稻盛和夫每月都要抽出时间飞往美国指导工作，即便如此，工厂的经营状况还是没有得到有效改善。

稻盛和夫曾悲观地预计，美国工厂可能关门大吉，但员工们不肯放弃，保证能让工厂起死回生。结果在不到一年的时间里，工厂就实现了盈利。稻盛和夫并没有因此停止努力，每次赶赴美国工厂，立刻换上工作服和一线员工一起工作，以便带动大家向更高远的目标迈进。员工们深受感动，无论做什么项目，总是坚持到最后一秒才敢放松。